PAULO BENTO

우리가 함께 보낸 시간은 팀을 단단하게 만드는 데 중요했다.
함께 한 시간이 아니었다면 이렇게 좋은 결과는 불가능했다.
선수들이 플레이 스타일에 대한 믿음을 줘 팀의 정체성을 만들 수 있었다.
코칭스태프의 한 명으로서 기분이 좋다.
여기까지 온 건 선수들이 보여준 헌신 덕분이다.

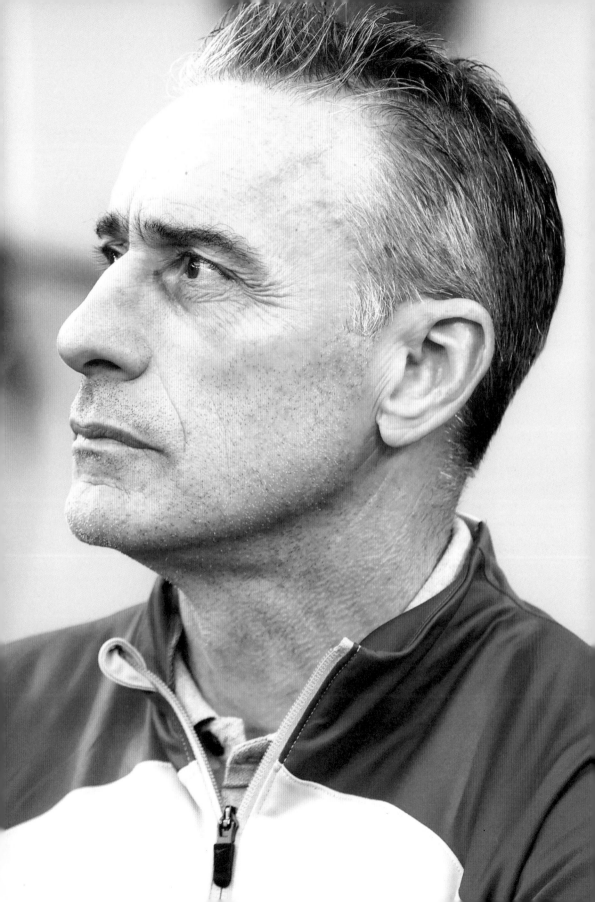

GK

	출장횟수(교체)	실점	월드컵 최종 발탁
구 성 윤	4(0)	6	
김 동 준	1(0)	0	
김 승 규	38(1)	24	⚽
김 진 현	1(0)	0	
송 범 근	1(0)	0	⚽
이 창 근	1(1)	0	
조 현 우	13(0)	16	⚽

DF

	출장횟수(교체)	득점	월드컵 최종 발탁
권 경 원	23(5)	1	⚽
김 민 재	40(2)	3	⚽
김 영 권	44(1)	4	⚽
김 주 성	1(1)	0	
박 지 수	14(5)	0	
원 두 재	6(2)	0	
이 재 익	1(0)	0	
장 현 수	4(1)	0	
정 승 현	4(1)	0	
조 유 민	5(3)	0	⚽
강 상 우	2(2)	0	
김 문 환	26(7)	0	⚽
김 진 수	31(2)	2	⚽
김 태 환	14(2)	0	⚽
박 주 호	3(0)	1	
윤 석 영	1(1)	0	
윤 종 규	4(0)	0	⚽
이 기 제	2(1)	0	
이 　 용	25(3)	0	
이 주 용	2(1)	0	
홍 　 철	31(10)	1	⚽

RECORD 벤투호

출 전 기 록

MF　　　　FW

이름	출장횟수(교체)	득점	월드컵 최종 발탁
강성진	2(1)	2	
고승범	3(2)	0	
고영준	1(1)	0	
구자철	6(3)	0	
권창훈	27(10)	8	⚽
기성용	6(0)	0	
김동현	3(2)	0	
김보경	2(1)	0	
김영빈	1(1)	0	
김정민	1(1)	0	
김진규	8(4)	2	
나상호	26(11)	2	⚽
남태희	16(4)	3	
문선민	9(6)	1	
백승호	14(3)	3	⚽
손준호	14(8)	0	⚽
손흥민	37(0)	12	⚽
송민규	13(5)	1	⚽
엄원상	7(5)	0	
엄지성	1(1)	1	
윤일록	2(1)	0	
이강인	10(6)	0	⚽
이기혁	1(0)	0	
이동경	7(4)	1	
이동준	4(3)	0	
이승우	5(5)	0	
이영재	5(4)	0	
이재성	29(3)	3	⚽
이진현	4(4)	0	
이청용	10(2)	1	
1999 정우영	10(5)	2	⚽
1989 정우영	37(3)	2	⚽
주세종	16(8)	0	
황인범	40(4)	4	⚽
황희찬	34(8)	8	⚽

이름	출장횟수(교체)	득점	월드컵 최종 발탁
김건희	3(2)	0	
김승대	1(0)	0	
김신욱	5(3)	6	
김인성	3(2)	0	
석현준	4(3)	1	
오현규	1(1)	0	
이정협	6(3)	0	
정상빈	1(1)	1	
조규성	19(6)	6	⚽
조영욱	4(3)	1	
지동원	8(5)	0	
황의조	41(9)	15	⚽

2018. 9. 7　　　2022. 12. 6

	경기 종류	상대팀	SCORE		장소
2018.9.7	평가전	코스타리카	2-0	W	고양 종합 운동장
2018.9.11	평가전	칠레	0-0	D	수원 월드컵 경기장
2018.10.12	평가전	우루과이	2-1	W	서울 월드컵 경기장
2018.10.16	평가전	파나마	2-2	D	천안 종합 경기장
2018.11.17	평가전	호주	1-1	D	브리즈번 선코프 스타디움
2018.11.20	평가전	우즈베키스탄	4-0	W	퀸즐랜드 스포츠 앤드 애슬레틱스 센터
2019.1.1	평가전	사우디	0-0	D	아부다비 바니야스 스타디움
2019.1.7	아시안컵 C조 1경기	필리핀	1-0	W	두바이 알 막툼 스타디움
2019.1.12	아시안컵 C조 2경기	키르기스스탄	1-0	W	알아인 하자 빈자예드 스타디움
2019.1.16	아시안컵 C조 3경기	중국	2-0	W	아부다비 알나흐얀 스타디움
2019.1.22	아시안컵 16강	바레인	2-1	W	두바이 막툼 빈라시드 스타디움
2019.1.25	아시안컵 8강	카타르	0-1	L	아부다비 자예드 스포츠 시티 스타디움
2019.3.22	평가전	볼리비아	1-0	W	울산 문수 축구 경기장
2019.3.26	평가전	콜롬비아	2-1	W	서울 월드컵 경기장
2019.6.7	평가전	호주	1-0	W	부산 아시아드 주 경기장
2019.6.11	평가전	이란	1-1	D	서울 월드컵 경기장
2019.9.5	평가전	조지아	2-2	D	이스탄불 바삭셰히르 파티흐 테림 스타디움
2019.9.10	월드컵 2차 예선	투르크메니스탄	2-0	W	아시가바트 쾨페트다그 경기장
2019.10.10	월드컵 2차 예선	스리랑카	8-0	W	화성 종합 경기타운
2019.10.15	월드컵 2차 예선	북한*	0-0	D	김일성 경기장
2019.11.14	월드컵 2차 예선	레바논	0-0	D	베이루트 카밀샤문 스포츠 시티 경기장
2019.11.19	평가전	브라질	0-3	L	아부다비 알 자지라 모하메드 빈 자예드 스타디움
2019.12.11	동아시안컵	홍콩	2-0	W	부산 아시아드 주 경기장
2019.12.15	동아시안컵	중국	1-0	W	부산 아시아드 주 경기장
2019.12.18	동아시안컵	일본	1-0	W	부산 아시아드 주 경기장
2020.11.15	평가전	멕시코	2-3	L	비너노이슈타트 스타디움
2020.11.17	평가전	카타르	2-1	W	BSFZ 아레나
2021.3.25	평가전	일본	0-3	L	요코하마 닛산 스타디움

*월드컵 2차 예선 북한전은 북한의 기권에 의해 경기 기록 무효.

날짜	경기 종류	상대팀	SCORE		장소
2021.6.5	월드컵 2차 예선	투르크메니스탄	5-0	W	고양 종합운동장
2021.6.9	월드컵 2차 예선	스리랑카	5-0	W	고양 종합운동장
2021.6.13	월드컵 2차 예선	레바논	2-1	W	고양 종합운동장
2021.9.2	월드컵 최종예선	이라크	0-0	D	서울 월드컵 경기장
2021.9.7	월드컵 최종예선	레바논	1-0	W	수원 월드컵 경기장
2021.10.7	월드컵 최종예선	시리아	2-1	W	안산 와~ 스타디움
2021.10.12	월드컵 최종예선	이란	1-1	D	아자디 스타디움
2021.11.11	월드컵 최종예선	UAE	1-0	W	고양 종합운동장
2021.11.17	월드컵 최종예선	이라크	3-0	W	타니빈자심 스타디움
2022.1.15	평가전	아이슬란드	5-1	W	마르단 스타디움
2022.1.21	평가전	몰도바	4-0	W	마르단 스타디움
2022.1.27	월드컵 최종예선	레바논	1-0	W	시돈 사이다 무니시팔 스타디움
2022.2.1	월드컵 최종예선	시리아	2-0	W	라시드 스타디움
2022.3.24	월드컵 최종예선	이란	2-0	W	서울 월드컵 경기장
2022.3.29	월드컵 최종예선	UAE	0-1	L	알막툼 스타디움
2022.6.2	평가전	브라질	1-5	L	서울 월드컵 경기장
2022.6.6	평가전	칠레	2-0	W	대전 월드컵 경기장
2022.6.10	평가전	파라과이	2-2	D	수원 월드컵 경기장
2022.6.14	평가전	이집트	4-1	W	서울 월드컵 경기장
2022.7.20	동아시안컵	중국	3-0	W	도요타 스타디움
2022.7.24	동아시안컵	홍콩	3-0	W	도요타 스타디움
2022.7.27	동아시안컵	일본	0-3	L	도요타 스타디움
2022.9.23	평가전	코스타리카	2-2	D	고양 종합운동장
2022.9.27	평가전	카메룬	1-0	W	서울 월드컵 경기장
2022.11.11	평가전	아이슬란드	1-0	W	화성 종합 경기타운
2022.11.24	월드컵 본선 1경기	우루과이	0-0	D	에듀케이션 시티 스타디움
2022.11.28	월드컵 본선 2경기	가나	2-3	L	에듀케이션 시티 스타디움
2022.12.3	월드컵 본선 3경기	포르투갈	2-1	W	에듀케이션시티 스타디움
2022.12.6	월드컵 토너먼트 16강	브라질	1-4	L	스타디움 974

57 전 **35** 승 **13** 무 **9** 패 **100** 득점 **46** 실점

2018. 9. 7 · 2022. 12. 6

CONTENTS

01

선수 은퇴 1년반 만에
감독이 된 벤투

파울루 호르헤 고메스 벤투(Paulo Jorge Gomes Bento). 수비형 미드필더 파울루 벤투의 행적은, 국제적으로는 크게 눈에 띄지 않았다. 포르투갈의 CF벤피카(1988~1989)에서 프로로 데뷔한 벤투는 대부분의 선수 생활을 자국에서 했다. CF이스트렐라 다 아마도라(1989~1991), 비토리아SC(1991~1994), SL벤피카(1994~1996)를 거쳤고, 스페인의 레알 오비에도(1996~2000)에서도 활약했다. 다시 포르투갈 스포르팅CP(2000~2004)으로 돌아와 현역 커리어를 마감했다. 유럽의 강호 포르투갈 국가대표로서 FIFA 월드컵과 UEFA 유로 대회에도 출전했으니 프리메이라리가에서 나름 활약상을 인정받은 실력자였다는 평가가 가장 타당하다.

선수로서의 행보가 다소 평범해 보이는 주된 원인은 우승 경력이 부족했던 탓이다. 포르투갈의 FA컵에 해당하는 타사 드 포르투갈(Taça de Portugal)에서 1989-90시즌(아마도라), 1995-96시즌(벤피카), 두 차례의 우승을 기록했다. 리그 우승과는 거리가 멀었던 벤투는 선수 말년에 합류한 스포르팅에서 두각을 나타냈다. 2001-02시즌 프리메이라리가와 컵 대회 우승을 차지하며 더블을 달성해 본인 커리어에 귀중한 우승을 추가했다. 해당 시즌의 활약은 한국과 일본에서 개최된 2002년 FIFA 월드컵에 포르투갈 국가대표팀 일원으로서 승선할 수 있었던 결정적 계기가 되었다.

당시 벤투의 나이가 33세였다. 이후 노쇠화를 피하지 못한 벤투는 클럽에서 출전 기회가 점점 줄어들었다. 매 시즌 30경기 이상을 뛰던 벤투는 2003-04시즌에는 총 14경기밖에 뛰지 못했고 벤치를 지키는 시간이 눈에 띄게 늘어났다. 결국 벤투는 2004년 여름 축구화를 벗었다. 현역 은퇴였다. 하지만 그라운드 밖에서 벤투의 축구는 계속되었다.

갑자기 찾아온 예상치 못한 행운, '감독' 벤투의 시작

벤투의 축구 커리어 2단계는 지도자였다. 은퇴 후 그는 스포르팅 유소년(19세 이하) 팀의 감독을 맡았다. 2005년 벤투 감독은 유스 리그에서 깜짝 우승을 차지하며 지도력을 입증했다. 어린 선수들의 잠재력을 보는 눈이 있다는 증거였다. 운도 따랐다. 2005-06시즌 주제 페세이루 감독이 스포르팅에서 성적 부진으로 경질된 것이다. 스포르팅 경영진은 유스 팀에 있던 벤투 감독을 급히 올려 소방수로 1군에 투입했다. 프로팀 감독 경험이 전혀 없었지만 벤투 감독은 팀을 빠르게 정상화시켰다.

불과 몇 년 전 함께 뛰었던 동료들과 함께 벤투 감독은 팀의 리그 10연승을 이끈 끝에 리그 2위로 시즌을 마치며 UEFA 챔피언스리그 진출이라는 성과를 거뒀다. 페세이루 감독이 경질될 당시 스포르팅은 리그 7위로 챔피언스리그 출전 가능성이 상당히 낮았다. 모두가 예상하지 못한 결과였다. 눈에 띄는 성과를 거둔 벤투 감독은 자연스럽게 1군 팀을 지휘하게 됐다. 구단 측도 벤투 감독을 신임해 2년 재계약을 선물했다.

물론 포르투갈 빅클럽의 감독 생활이 쉽지 않았다. 잉글랜드, 스페인, 이탈리아, 독일 등 빅리그 클럽들은 스포르팅의 잠재력 있는 선수들을 쏙쏙 영입해 전력 누수가 반복됐고, 벤투 감독은 계속 그 빈자리를 채워야 했다. 벤투 감독은 유스팀에 있던 루이스 나니, 주앙 무티뉴, 미구엘 벨로수 등을 1군으로 끌어올려 싱싱한 재능을 일찌감치 발굴했다. UEFA 챔피언스리그 진출에도 꾸준히 성공했다. 부임 첫 시즌을 포함해 스포르팅은 2006-07시즌부터 4시즌 연속으로 리그 2위 성적표를 받았다.

2006-07시즌에는 리그 1위 FC포르투와 불과 1점의 승점 차이로 아쉽게 우승을 놓쳤다. 그래도 4시즌 연속 UEFA 챔피언스리그 진출은 구단으로서는 재정적으로 큰 도움이 됐다. 타사 드 포르투갈에서는 두 차례나 우승(2006-07, 2007-08)을 차지하며 타이틀에 대한 구단과 팬의 기대를 만족시켰다. 리그에서는 라이벌 벤피카에 밀렸지만 리그컵에서는 벤피카를 좌절시키며 우승 트로피를 들었다. 벤투 감독은 초보 지도자였지만, 빠르게 실질적인 성과를 쌓는 재주를 선보였다.

이런 벤투 감독은 2008년 맨체스터 유나이티드 알렉스 퍼거슨 감독의 부름을 받기도 했다. 포르투갈 지도자 선배인 카를로스 케이로스 수석코치가 연결고리였다. 포르투갈 리그의 입지를 생각하면 맨유 코칭스태프 신분이 더 유리할 수도 있었다. 하지만 벤투 감독은 맨유의 부름을 정중히 고사했다. 코치보다 감독으로서 경력을 쌓고 싶다는 이유였다. 이 선택은 벤투 감독을 크게 발전시켰다.

벤투 감독은 UEFA 챔피언스리그에서 많은 강적을 상대하며 부족한 부분을 채워 갔다. 2008-09 UEFA 챔피언스리그 16강에서 스포르팅은 바이에른 뮌헨과 직접 부딪히는 귀중한 경험을 얻었다. 결과적으로 독일의 절대 강자와 맞대결은 홈 1차전에서 0-5 패배, 원정 2차전에서 1-7 패배로, 합산 1-12라는 기록적인 대패로 끝나고 말았다. 이 패배만으로 처참한 결과였다고 할 수 있을까? 그렇지 않다. 챔피언스리그가 개편된 이래 16강에 진출한 것 자체가 스포르팅으로서는 역사적인 첫 발걸음이었기 때문이다.

평가가 갈린다

벤투 감독은 스포르팅을 이끄는 동안 총 194경기에서 117승 46무 31패라는 꽤 좋은 성적을 거뒀다. 승률은 60.31%, 득점 311골, 실점 152골, 골득실 +159였다. 프로 감독 첫 도전이라는 점에서 칭찬받아 마땅한 성과였다. 타의에 의해 지휘봉을 잡은 스포르팅에서 리그 우승에 도전했을 뿐 아니라 4시즌 연속 UEFA 챔피언스리그 진출로 구단 재정에 큰 도움을 줬다. 유스팀 지도 경력을 살려 재능 있는 선수들에게 1군

데뷔 기회도 제공했다. 유소년 레벨에서 성인 무대로 점프하자마자 이런 성과를 남기는 지도자는 결코 흔하지 않다. 하지만 벤투 감독과 스포르팅의 관계도 조금씩 끝이 보이기 시작했다. 팬들이 슬슬 발톱을 드러냈다. UEFA 챔피언스리그 출전과 컵 대회 우승이란 실적보다 팬들은 프리메이라리가 타이틀을 원했다. 스포르팅도 엄연히 포르투갈 빅3의 한 자리를 차지하는 클럽이었다. 4시즌 연속 리그 '2위 피니시'라는 성적을 그냥 흡족하게 웃어 넘길 수 없는 이유다. 벤투 감독은 그런 여론에 귀를 닫는 듯한 노선을 취했다. 팬들이 감독 사퇴를 요구했다. 외

S LEAGUE

풍이 강해지면서 분위기가 내리막을 걸었다. 2009년 스포르팅은 리그에서 7위까지 떨어졌다. UEFA 유로파리그 조별리그에서 실망스러운 경기력으로 FK벤츠빌스와 1-1로 비기자 벤투 감독은 자리에서 물러나야 했다. 성적표만 놓고 보면 벤투는 분명 스포르팅 역사에 남을 만한 성과를 남겼지만, 자국 리그 타이틀의 부재는 너무 큰 핸디캡이었다. 폭풍 같은 첫 지도자 도전 4년을 정리한 벤투는 1년 정도 휴식을 취했다. 그리고 전화가 한 통 걸려왔다. 포르투갈축구협회였다.

" 우리가 할 수 있는 건 — 무 리 과 미국을 죽하하는 것이다 "

2002 WORLDCUP

2002년 여름 파울루 벤투는 포르투갈 국가대표팀의 일원으로서 FIFA 월드컵에 출전했다. 포르투갈은 개최국 대한민국과 미국, 폴란드와 함께 D조에 배정되었다. 대부분의 전문가는 포르투갈이 무난하게 16강에 오를 것으로 예상했다. 개최국이라고 해도 한국은 월드컵 본선에서 한 번도 승리를 거둔 적이 없는 최약체였다. 미국은 축구 변방, 폴란드는 유럽 내에서 포르투갈보다 훨씬 아래에 있는 팀이었다. 포르투갈의 객관적인 전력은 의심할 여지 없었다. 하지만 공은 둥글었다. 수원 월드컵 경기장에서 열린 D조 1차전에서 포르투갈은 미국에 2–3으로 충격적 패배를 당했다. 정신을 차린 포르투갈은 전주 월드컵 경기장에서 폴란드를 4–0으로 대파했다. 이제 남은 건 마지막 한국전이었다. 이 경기에 수비형 미드필더 벤투는 선발로 출전해 풀타임을 소화했다. 인천 문학 경기장에서 만난 개최국 한국은 단단하고 강했다. 관중석은 온통 붉게 물든 상태였다. 열광적 분위기 속에서 한국은 포르투갈을 몰아붙였다. 분위기와 기세에 눌린 포르투갈은 주앙 핀투와 베투가 퇴장당하면서 최악의 상황으로 치달았다. 후반 25분 이영표의 크로스를 가슴으로 받은 박지성이 결승골을 터뜨렸다. 이때 이영표의 크로스를 멍하니 바라봐야 했던 사람이 바로 벤투였다. 박지성이 거스 히딩크 감독과 뜨거운 포옹을 나눌 때 벤투는 고개를 숙이며 탈락을 직감했다. 경기는 한국의 1–0 승리로 끝났다. 한국(7점)과 미국(4점)이 16강에 올랐고, 유럽의 두 팀 포르투갈과 폴란드는 각각 3점으로 대회를 마감했다. 스타플레이어 루이스 피구는 뭔가에 당했다는 듯한 표정으로 경기장으로 빠져 나갔다. 포르투갈 벤치에서는 심판 판정에 불만을 터트리는 모습도 연출되었다. 벤투의 반응은 약간 달랐다. 충격적 탈락 확정에도 벤투는 승자 한국에 축하 인사를 전했다. 마치 20년 뒤 한국이라는 나라가 자신에게 특별한 인연이 되는 걸 알기라도 하는 듯했다. 벤투는 "끝났다. 우리는 시작도 좋지 않았고 끝도 좋지 않았다. 중간에 좋은 상황도 있었지만 결국 여기까지였다. 이젠 우리 플레이가 어땠는지 다시 생각할 시간이다. 경기는 끝났고, 16강 기회는 한국에 찾아갔다. 우리가 할 수 있는 건 한국과 미국을 축하하는 것이다. 전반적으로 한국이 우리보다 강했다. 이제 유로 2004를 준비할 때다. 그게 우리가 할 수 있는 최선이다"라며 담담하게 소감을 남겼다. 2년 뒤 포르투갈은 자국에서 개최된 유로 2004에서 결승전 무대에 섰다. 확실한 반등에 성공한 것이다. 하지만 포르투갈 국가대표팀 유니폼을 입은 벤투의 모습은 인천에서의 경기가 마지막이었다. 포르투갈 국가대표로서의 최종 경력은 A매치 35경기 출전이었다.

16강 탈락
악몽의땅 대한민국

OS TRÊS GRANDES
포르투갈 빅3

Sport Lisboa e Benfica

SL벤피카

창단 1904년 **홈 경기장** 에스타지우 다 루즈(64,642명, 리스본)
우승 프리메이라리가 **37회** 타사드포르투갈 **26회** 타사다리가 **7회** 유러피언컵 **2회** 등

포르투갈의 수도 리스본을 연고로 하는 포르투갈 최고 스포츠클럽이다. 축구 외에도 농구, 핸드볼, 배구 팀도 운영한다. 1904년 2월 창단했고 1933년 포르투갈 프리메이라리가 출범 초기 멤버로 지금까지 단 한 번도 2부 리그로 강등된 적이 없다. 1935-36시즌을 시작으로 지금까지 리그 우승 37회(역대 최다), 타사 드 포르투갈 우승 26회(역대 최다) 등 눈부신 역사를 자랑한다. '흑표범' 에우제비우를 앞세웠던 1960-61시즌과 1961-62시즌 2연속 UEFA 챔피언스리그 우승이 클럽 역사의 하이라이트다. 에우제비우는 선수 생활 대부분을 벤피카에서 보냈고 발롱도르를 수상하기도 했다. 지금도 파비오 코엔트랑, 베르나르두 실바, 주앙 칸셀루, 주앙 펠릭스, 후벵 네베스 등 포르투갈 최고 스타들을 배출 중이다. 국내 축구 팬들에게는 1992년 바르셀로나 올림픽에 출전 중인 한국 윙어 서정원을 현지에서 영입하려고 했던 에피소드가 유명하다.

Futebol Clube de Porto

FC포르투

창단 1893년 **홈 경기장** 에스타지우 두 드라강(50,033명, 포르투)
우승 프리메이라리가 **30회** 타사드포르투갈 **18회** UEFA 챔피언스리그 및 유로파리그 **2회** 등

포르투갈 2대 도시 포르투를 연고로 한다. 당구, 수영, 사이클, 복싱, 하키 등 다양한 종목 팀을 운영한다. 1893년 9월 창단한 포르투는 단 한 번도 강등되지 않은 채 리그에서 30번이나 정상에 올라 두 번째로 우승이 많은 클럽이다. 포르투갈 클럽 중에서는 유럽 타이틀이 가장 많다. UEFA 챔피언스리그 우승 2회(1986-87, 2003-04), UEFA 유로파리그 우승 2회(2002-03, 2010-11)에 빛난다. 축구계 거상으로 유명하다. 잠재력이 큰 선수들을 영입해 성장시키고 유럽 빅클럽에 거액에 넘기는 재주가 비상하다. 히카르두 카르발류, 조제 보싱와, 페페, 히카르두 코레스마, 주앙 무티뉴, 안드레 실바 등이 포르투의 대표적 작품이다. 한국의 석현준이 한때 몸담았지만 인상적인 활약을 보이지는 못했다.

Sporting Clube de Portugal

스포르팅CP

창단 1906년 **홈 경기장** 에스타지우 주제 알발라데(50,095명, 리스본)
우승 프리메이라리가 **19회** 타사드포르투갈 **17회** 타사다리가 **4회** UEFA 컵위너스컵 **1회** 등

벤피카와 함께 포르투갈의 수도 리스본을 양분한다. 포르투갈 빅3 중 실적 면에서 세 번째에 해당하는 클럽이다. 1906년 7월 창단돼 강등 한 번 없이 리그 우승 19회, 타사 드 포르투갈 우승 17회를 기록했다. 유럽 무대에서는 지금은 사라진 UEFA 컵위너스컵 우승 1회(1963-64)가 전부다. 뛰어난 유소년 시스템을 구축해 유명 선수들을 많이 배출했다. 슈퍼스타 크리스티아누 호날두가 이곳에서 축구를 시작해 프로로 데뷔했다. 루이스 피구, 파울루 벤투, 히카르두 코레스마, 루이스 나니, 브루누 페르난데스 등이 스포르팅 출신이다.

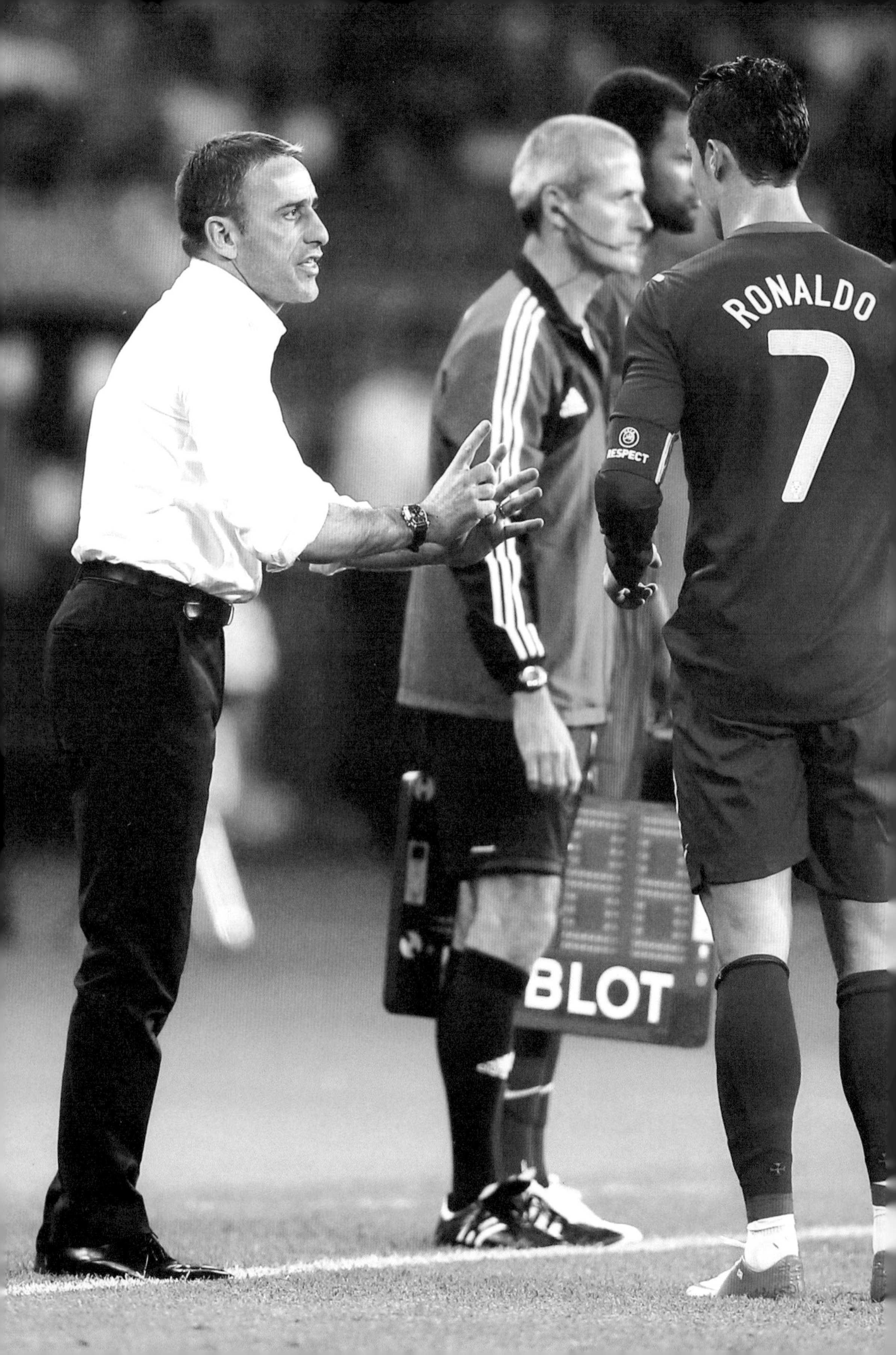
RONALDO
7
RESPECT
BLOT

02

CR7과 함께
유럽 4대 천왕으로

2010년 남아공 월드컵이 끝났다. 크리스티아누 호날두의 존재감은 월드컵 8강
이라는 결과에 어울리지 않았다. 2008년 맨체스터 유나이티드 수석 코치 자리
를 떠나 포르투갈 대표팀 지휘봉을 잡았던 카를로스 케이로스 감독은 조금씩
무너지고 있었다. 남아공 월드컵 8강전에서 패한 직후, 케이로스 감독은 도핑
테스트에 불만을 품고 검사관에게 폭언을 했다. 도핑 분야는 승부조작에 대한
조사만큼 규정 준수가 철저히 이루어진다. 이 사실이 밝혀지자 포르투갈의 반
도핑기구와 축구협회는 케이로스의 국가대표팀 감독 자격을 정지하는 징계를
내렸다. 균열이 시작됐다. 여기에 유로 2012 예선 부진까지 겹쳤다. 결국 케이
로스 감독은 물러나야 했다.

그의 뒤를 이어 등장한 사람이 바로 스포르팅에서 신선한 평가를 받았던 벤투
였다. 유로 2012 예선에서 포르투갈은 고전 중이었다. 덴마크, 노르웨이, 아이
슬란드, 키프로스와 함께 배정된 H조 경쟁구도는 순탄해 보였다. 분위기가 흐
트러진 '케이로스호'는 첫 경기부터 최약체 키프로스와 4-4로 비기고 말았다.
노르웨이전 0-1 패배가 뒤따랐다. 이 시점에서 벤투 감독이 지휘봉을 넘겨 받
았다. 무조건 승리가 필요했다. 벤투 감독은 승리의 파랑새였다. 덴마크를 상대
했던 데뷔전에서 3-1로 승리를 거둔 후, 파죽의 5연승을 달리면서 조 2위로 플
레이오프 진출에 성공했다. 여기서 포르투갈은 보스니아 헤르체고비나를 꺾고
유로 2012 본선 진출에 성공했다.

유럽 빅4로 올라선 벤투의 포르투갈

유로 2012 본선에서 포르투갈은 네덜란드, 덴마크, 독일과 함께 B조에 속했다. 죽음의 조였다. 첫 경기부터 포르투갈은 패배했다. 1차전에서 독일의 마리오 고메스에게 결승골을 허용하며 무너졌다. 크리스티아누 호날두, 포스티가, 나니의 공격진이 줄기차게 상대 진영을 두들겼지만 독일의 골문을 끝내 열지 못했다. 2차전은 예선에서 만났던 덴마크였다. 경기는 순조롭게 진행됐다. 전반 24분 페페의 선제골, 전반 36분 포스티가의 추가골이 나오면서 포르투갈이 2-0으로 앞섰다. 하지만 전반 41분, 후반 35분 아스널의 신성 니클라스 벤트너에게 두 골을 허용하며 경기는 원점으로 돌아왔다. 경기는 살얼음판위를 걷는 듯했다. 경기 종료 3분 전 실베스트르 바렐라의 결승골이 나오면서 포르투갈은 가까스로 첫승을 신고했다. 마지막 3차전 상대는 네덜란드였다. 시작이 좋지 않았다. 전반 11분 만에 라파엘 판더파르트에게 실점을 허용했다. 위기 속에서 영웅이 등장했다. 호날두가 전반 28분과 후반 29분 각각 골을 터트려 팀에 역전승을 선물했다. 이날 경기에서만 호날두는 무려 슛을 13개나 퍼부으며 독보적인 활약을 펼쳤다. 그렇게 포르투갈은 조 2위로 8강 진출에 성공했다.

8강전은 체코가 기다리고 있었다. 경기는 일방적이었다. 포르투갈은 경기 내내 점유율과 주도권을 잡으며 체코를 몰아붙였다. 후반 34분 호날두가 멋진 헤더로 결승골을 터뜨려 4강 진출을 이끌었다. 4강전 상대는 프랑스를 꺾고 올라온 스페인이었다. 당시 스페인은 세계 최강이었다. 전 대회인 유로 2008에서 우승한 디펜딩 챔피언이었고, 2010년 남아공 월드컵까지 제패해 메이저 대회 2연속 우승에 빛나는 막강한 팀이었다. 벤투 감독은 현실적인 판단을 내렸다. 전술 무게를 수비 쪽에 둔 것이다. 포르투갈은 연장까지 가는 120분 동안 압도적 경기력을 펼치는 스페인을 상대로 혈투를 펼치며 무실점이라는 성과를 남겼다.

두 팀의 승부는 결국 강팀 스페인이 꼭 피하고 싶었던 승부차기로 돌입했다. 스페인의 첫 번째 키커는 천재 미

드필더 사비 알론소였다. 하지만 그의 킥은 골문을 외면했다. 앞서 나갈 수 있는 너무나 좋은 기회가 부담이 됐을까? 포르투갈의 1번 키커 주앙 무티뉴 역시 실축하고 말았다. 이후 양 팀의 2번 키커 안드레스 이니에스타, 페페가 나란히 득점을 기록했고, 3번 키커였던 헤라르드 피케와 나니도 골망을 흔들었다. 두 팀의 운명은 네 번째 순서에서 갈렸다. 골 넣는 수비수 세르히오 라모스가 페널티킥을 성공한 뒤 브루누 알베스가 골문 앞에 섰다. 결과는 실축이었다. 이후 세스크 파브레가스가 침착하게 페널티킥을 성공시키면서 이베리아반도 대충돌의 승자는 디펜딩챔피언 스페인이 되었다. 스페인은 결승전에서도 이탈리아를 완파해 대회 2연패 위업을 달성했다.

포르투갈은 결승 진출 실패에도 불구하고 많은 호평을 받았다. 세계 최강 스페인과 대등한 모습을 보여줬고, 4강 진출 자체가 12년 만의 성과였다. 대회 종료 후, 포르투갈축구협회는 벤투 감독과 재계약에 합의했다. 스포르팅 감독직과 마찬가지로 포르투갈 대표팀 역시 갑자기 찾아온 기회였다. 벤투 감독이 두 차례 기회를 모두 자신의 두 손으로 움켜쥐었다는 사실이 중요하다. 뚜렷한 계획과 전술이 성공 요인이었다. 2013-14시즌 포르투갈축구협회 선정 최우수 국내 감독상의 영예도 벤투의 차지였다. 포르투갈 최고 감독으로 공식 인정 받은 셈이다. 안타깝게도 이 시기가 대한민국 국가대표팀에 부임하기 전까지 벤투 감독의 화양연화였다.

악몽으로 끝난 2014년 브라질 월드컵

호시절은 오래가지 않았다. 2014년 브라질 월드컵 유럽 지역예선에서 포르투갈은 좌충우돌했다. 러시아, 이스라엘, 아제르바이잔, 북아일랜드, 룩셈부르크와 함께 들어간 F조에서 포르투갈은 승점 1점 차이로 본선 직행 티켓을 러시아에 내줬다. 잔인한 플레이오프 운명이 시작되었다. 상대는 세계 최고의 카리스마 즐라탄 이브라히모비치가 있는 스웨덴이었다. 탄탄한 조직력과 걸출한 인재를 보유한 스웨덴은 한마디로 난적이었다. 1차전은 호

" "

우리는 16강 진출이라는 첫 번째 목표를 달성하지 못했다.

마땅한 결과였다.

16강에 올라간 두 팀은 그럴 자격이 있었다.

이제 우리는 무엇이 잘못됐는지 분석해야 한다.

독일과 미국에 축하를 전한다.

날두가 결승골을 넣어 포르투갈이 1-0으로 승리했다. 운명의 2차전은 예상대로 치열했다. 호날두가 한 골을 넣으면 이브라히모비치가 한 골을 따라 붙었다. 그렇게 경기는 2-2까지 흘러갔다. 마침내 후반 34분 호날두가 해트트릭을 완성하며 포르투갈이 월드컵 본선행 티켓을 획득했다. 벤투 감독은 최고의 활약을 보여준 호날두를 뜨겁게 안아줬다.

힘겹게 월드컵 본선에 오른 포르투갈을 기다리고 있는 건 '죽음의 조'였다. 포르투갈은 G조에서 독일, 미국, 가나를 만나게 됐다. 쉽지 않은 조편성이었지만, 벤투 감독으로서는 '유로 4강'이란 자신감이 있었다. 슈퍼스타 호날두가 절정의 기량을 유지하고 있었고, 나니, 주앙 무티뉴, 피비우 코엔트랑 등 핵심 선수들도 건재했다.

하지만 기대는 첫 경기부터 처참하게 무너졌다. 상대는 '디만샤프트' 독일이었다. 전반 11분 토마스 뮐러가 페널티킥으로 포르투갈의 골망을 흔들었다. 전반 32분 코너킥에서는 마츠 후멜스의 헤더가 득점으로 이어졌다. 갈 길 바쁜 포르투갈에 재앙이 겹쳤다. 전반 36분 페페가 신경전을 벌이다 앉아있던 뮐러에게 박치기를 해 퇴장을 당한 것이다. 포르투갈은 와르르 무너졌다. 전반 추가시간 뮐러의 쐐기골까지 터지며 전반 45분 만에 스코어라인이 0-3으로 급변했다. 설상가상 후반 17분에는 코엔트랑이 부상으로 쓰러져 들것에 실려나갔다. 이보다 최악은 없었다. 포르투갈은 후반 32분 뮐러에게 해트트릭까지 허용하며 초라하게 1차전을 마무리했다. 경기 후 벤투 감독은 "우린 수비뿐 아니라 공격에서도 실수를 했다. 이 경기를 심층적으로 분석해야 한다. 당연히 매우 실망스럽다. 후반에 몇 가지를 시도했지만 이미 경기는 패배했다. 더 이상 우리가 할 수 있는 게 없었다. 초반 5분을 제외하면 우리는 이번 경기에 없었다"라며 고개를 숙였다.

위기에 빠진 포르투갈이 2차전에서 만난 상대는 미국이었다. 1차전에서 가나를 2-1로 제압한 미국의 분위기는 상당히 고조돼 있었다. 시작은 좋았다. 전반 5분 만에 나니가 상대 실책을 놓치지 않고 선제골을 터트렸다. 좋은 기운은 오래가지 못했다. 전반 15분 최전방 공격수 포스티가가 부상으로 쓰러졌다. 이미 주전 공격수 알메이다를 부상으로 잃은 포르투갈은 또다시 위기에 처했다. 불안감이 현실로 나타났다. 후반 18분 저메인 존스가 기막힌 감아차기로 포르투갈의 골망을 출렁였다. 끝이 아니었다. 후반 36분에는 클린트 뎀프시의 역전골까지 터졌다. 벤투 감독은 멍한 표정으로 경기장을 바라봤다. 그렇게 포르투갈의 조별리그 탈락이 눈앞으로 다가왔다. 이때 극적 동점골이 나왔다. 후반 추가시간 호날두의 정확한 크로스를 바렐라가 해결하며 패배 직전에 팀을 구했다. 벤투 감독은 극장골에도 무표정한 얼굴로 경기 종료를 맞았다. 경기 후 벤투 감독은 "분명히 우리에게 좋은 결과는 아니다. 탈락은 아니지만 매우 어려운 상황에 놓였다. 이제 우리가 할 수 있는 일은 마지막 경기에서 최선을 다하고 우리에게 남은 아주 작은 기회를 활용하는 것뿐이다"라고 말했다.

나흘 뒤 운명의 3차전 가나전이 시작됐다. 포르투갈은 최대한 큰 점수 차로 가나를 잡고 독일이 미국까지 크게 이겨야 16강 진출이 가능했다. 행운의 여신은 포르투갈에 살짝 미소를 보였다. 전반 30분, 벨로수의 크로스를 존 보예가 걷어낸 것이 그대로 자책골로 연결됐다. 그러나 포르투갈의 미소는 오래가지 못했다. 후반 12분 아사모아 기안의 동점골이 터졌다. 포르투갈은 총공세에 나섰다. 결국 후반 34분 호날두의 대회 첫 골이 터졌다. 포르투갈은 짜릿한 역전승을 거뒀지만 골득실(미국 0, 포르투갈 -3)에서 3위로 밀리며 조별리그에서 탈락했다. 포르투갈은 2002년 한일 월드컵 이후 12년 만에 16강 진출에 실패했다. 벤투 감독은 자신이 참가한 월드컵에서 선수 그리고 감독으로 모두 조별리그 탈락이라는 실연을 겪었다.

사실 브라질 월드컵은 벤투 감독에게 불운의 대회였다. 대회 중 1, 2순위 스트라이커가 모두 부상으로 전력에서 이탈했다. 핵심 수비수 페페는 박치기로 퇴장을 당했고, 레프트백 코엔트랑과 백업 자원인 알메이다도 부상으로 쓰러져 수비진 구성에 애를 먹었다. 여기에 골키퍼들의 부진 및 부상으로 조별리그 3경기를 모두 매 경기 다른 골키퍼로 임해야 했다. 핵심 선수 호날두의 침묵까지 겹쳤다. 한 대회에서 감독이 피하고 싶은 모든 악재가 한꺼번에 벌어진 꼴이다.

그래도 감독은 책임을 지는 자리다. 초라한 월드컵 조별리그 탈락 후, 벤투 감독은 유로 2016 예선에서 알바니아에 0-1로 패배한 뒤 경질됐다. 벤투 감독이 남긴 포르투갈 대표팀 기록은 47경기 26승 12무 9패였다. 2014년 브라질 월드컵으로 인해 벤투 감독의 지도자 커리어 상승세는 완전히 끊겼다. 이후 벤투 감독은 약 1년 반 동안 휴식을 가졌다. 지도자 생활을 통틀어 가장 긴 공백기였다. 그만큼 벤투 감독은 쉼없이 달렸다. 다시 일어선 벤투 감독은 자신에게 악몽을 선사한 브라질로 향했다.

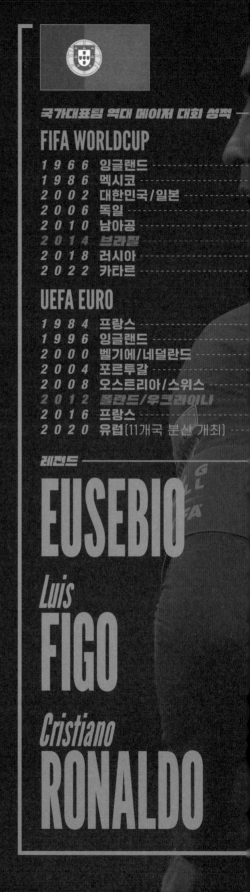

국가대표팀 역대 메이저 대회 성적

FIFA WORLDCUP

1966 잉글랜드
1986 멕시코
2002 대한민국/일본
2006 독일
2010 남아공
2014 브라질
2018 러시아
2022 카타르

UEFA EURO

1984 프랑스
1996 잉글랜드
2000 벨기에/네덜란드
2004 포르투갈
2008 오스트리아/스위스
2012 폴란드/우크라이나
2016 프랑스
2020 유럽[11개국 분산 개최]

레전드

EUSEBIO

Luis
FIGO

Cristiano
RONALDO

PORTUGAL

에우제비우

포르투갈의 흑표범으로 불렸다. 순간 속도가 얼마나 빨랐는지 별명만으로 추측이 가능하다. 실제 100m를 11초에 주파했다. 뛰어난 드리블 실력과 강력한 슈팅까지 골잡이가 갖춰야 할 모든 능력을 지녔다. 1960년 포르투갈을 세계 최강의 팀으로 만든 선수다. 1965년에는 발롱도르까지 받으며 세계 최정상에 섰다. 1961년부터 1978년까지 선수 시절 대부분을 벤피카에서 뛰었는데 그의 활약으로 벤피카는 UEFA 팀 랭킹 1위에 오르기도 했다. 빅클럽에 가지 않고 본인이 뛰는 팀을 빅클럽으로 만들었다는 점에서 찬사가 아깝지 않다. 프로통산 745경기 733골.

루이스 피구

포르투갈 축구 역사상 가장 완벽한 선수. 뛰어난 슈팅, 정확한 패스, 번뜩이는 드리블까지 피구는 플레이메이커의 교과서였다. 벤투가 첫 지도자 생활을 시작했던 스포르팅에서 프로로 데뷔했고, 바르셀로나와 레알 마드리드, 인테르나치오날레까지 세계 최고 클럽에서 뛰며 가는 팀마다 우승을 경험했다. 가장 눈에 띄는 경력은 역시 축구 역사상 최고의 라이벌인 바르셀로나와 레알 두 구단 모두에서 뛰었다는 것이다. 그가 레알로 이적한 뒤 가졌던 바르셀로나와의 엘클라시코 경기에서 돼지머리가 날아다닌 일화는 지금까지도 축구 팬들 사이에서 유명하다. 그는 레알에서 뛰면서 발롱도르를 수상했고, 은퇴 후에는 행정가로 국제 축구 무대에서 활약 중이다.

크리스티아누 호날두

슈퍼스타. 그를 완벽하게 설명하는 단어다. 스포르팅에서 프로로 데뷔한 호날두는 불과 1년 만에 세계적 빅클럽 맨체스터 유나이티드로 이적했고, 레알 마드리드, 유벤투스 등 챔피언 클럽에서 뛰면서 가치를 높였다. 세계 최고의 선수에게 수여되는 발롱도르도 다섯 차례나 수상했다. FIFA 주관 A매치 역대 최다 득점자일 뿐 아니라 UEFA 챔피언스리그, UEFA 유로에서도 역대 최다 득점자다. 스타성도 대단하다. 호날두는 전 세계에서 인스타그램 팔로워(5.2억 명)가 가장 많은 개인이다. 전 세계에서 호날두보다 많은 골을 넣은 선수는 없다. 그보다 유명한 선수도 없다.

03

16년을 돌아
다시 대한민국으로

한편, 대한민국의 2018년 러시아 월드컵은 결과적으로 실패였다. 소방수로 투입된 신태용 감독은 조별리그 3차전에서 디펜딩챔피언 독일을 2-0으로 잡는 놀라운 성과를 거뒀지만 1차전 스웨덴(0-1), 2차전 멕시코(1-2)를 상대로 연이어 패했다. 대회 종료 후 차기 대표팀 감독 선임을 두고 갑론을박이 펼쳐졌다. 시간이 부족했음에도 독일을 잡고 가능성을 보여준 신태용 감독에게 더 많은 기간을 보장한다면 발전할 수 있을 것이라고 주장하는 측이 있었고, 다른 편에서는 분위기 쇄신을 위해서는 감독 교체가 반드시 필요하다고 반박했다. 울리 슈틸리케 감독의 경질 후 대회 전부터 월드컵 감독직을 두고 시끄러웠던 한국 대표팀은 신임 감독 선임을 두고 또 다시 혼란에 빠졌다.

위기의 한국, 새 감독을 찾아라

2018년 러시아 월드컵을 마친 대한축구협회는 본격적으로 차기 감독 찾기에 나섰다. 신태용 감독이 대회 직후 바로 경질된 건 아니었다. 협회는 월드컵 성과를 판단한 뒤 신태용 감독의 거취를 결정하겠다고 말하며 가능성을 열어 놓았다. 이후 국가대표감독선임위원회는 현 감독을 포함해 총 10명 내외의 차기 감독 후보 리스트를 만들었다. 명단은 공개되지 않았지만 국내 매체들에 따르면 루이 반 할, 클라

우디오 라니에리, 안드레 빌라스보아스, 슬라벤 빌리치, 바히드 할릴호지치 등 다양한 이름이 거론되었다. 김판곤 위원장은 "한국 축구의 위닝 멘탈리티를 살릴 수 있는 능동적 축구를 할 수 있는 감독을 찾겠다. 당장 내일부터라도 감독 후보들을 직접 만나러 가겠다"라며 강한 의지를 전했다. 그렇게 감독 선임 작업은 본격화되었다.

2018년 9월 한국은 국내 A매치에서 코스타리카와 칠레를 상대한다고 밝혔다. 신입 감독의 데뷔전이었다. 7월 초

김판곤 위원장은 9월 A매치 전까지 새 감독을 선임하겠다고 밝혔다. 협회는 바쁘게 움직였다. 김판곤 위원장은 1차(7/10~7/18), 2차(8/9~8/16) 출장에서 유럽을 포함해 전 세계를 돌아다니며 후보들을 직접 만났고 구체적 조건을 조율하며 가능성을 타진했다. 김판곤 위원장이 1차 출장을 마치고 한국으로 돌아오자 협회는 후보들을 추려 우선 협상 대상자를 정했다. 모든 과정은 비공개로 진행됐다. 최종 후보 3명이 결정됐다. 김판곤 위원장은 1순위 후

김판곤
당시 국가대표감독선임위원회 위원장, 현 말레이시아 대표팀 감독

보부터 직접 만나 협상을 진행하고, 여기서 실패할 경우 차순위 후보와 협상하며 8월 초까지 새 감독을 선임하겠다고 밝혔다.

알베르트 셀라데스(스페인 U16, U17, U21, A팀 수석코치, 발렌시아 감독 등), 페르난도 이에로(레알 마드리드, 레알 오비에도, 스페인 국가대표팀 감독 등), 키케 플로레스(헤타페, 발렌시아, 벤피카, 아틀레티코 마드리드, 헤타페, 왓포드 감독 등) 등 새로운 인물들이 하마평에 올랐다. 미묘한 시기에 정몽규 대한축구협회장은 한국 축구 발전을 위해 써달라며 40억 원을 협회에 기부했다. 정 회장의 통 큰 기부는 외국인 감독의 선임 가능성을 높였다. 축구 팬들은 협회의 예산과 정몽규 회장의 기부금을 합하면 세계적 명장도 올 수 있을 거라며 기대감을 키웠다.

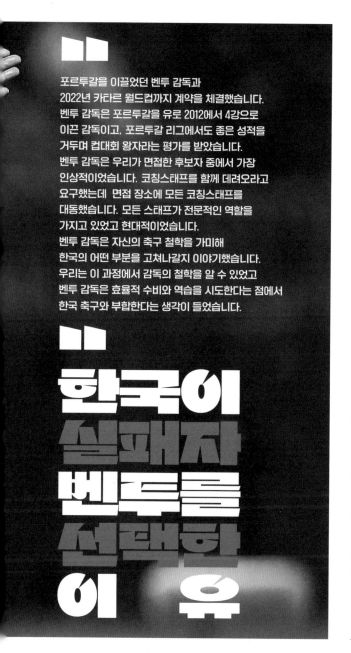

포르투갈을 이끌었던 벤투 감독과
2022년 카타르 월드컵까지 계약을 체결했습니다.
벤투 감독은 포르투갈을 유로 2012에서 4강으로
이끈 감독이고, 포르투갈 리그에서도 좋은 성적을
거두며 컵대회 왕자라는 평가를 받았습니다.
벤투 감독은 우리가 면접한 후보자 중에서 가장
인상적이었습니다. 코칭스태프를 함께 데려오라고
요구했는데 면접 장소에 모든 코칭스태프를
대동했습니다. 모든 스태프가 전문적인 역할을
가지고 있었고 현대적이었습니다.
벤투 감독은 자신의 축구 철학을 가미해
한국의 어떤 부분을 고쳐나갈지 이야기했습니다.
우리는 이 과정에서 감독의 철학을 알 수 있었고
벤투 감독은 효율적 수비와 역습을 시도한다는 점에서
한국 축구와 부합한다는 생각이 들었습니다.

한국이 실패자 벤투를 선택한 이유

김판곤 위원장이 세운 기준은 명확했다. 월드컵 예선 통과 및 대륙별 대회 우승 경험, 세계적 리그 우승 경험, 새로운 한국 축구의 철학에 부합하는 인물이었다. 벤투는 이 기준에 대체로 맞는 감독이었다. 포르투갈 대표팀을 이끌고 유로 2012에서 4강에 올랐다. 2014년 브라질 월드컵 유럽 지역 최종예선을 통과하며 본선 진출에 성공했다. 올림피아코스를 그리스 리그 우승으로 이끌었다. 월드컵 본선에서는 아쉬운 결과를 남겼고, 그리스가 유럽 축구의 중심 무대는 아니었지만, 김판곤 위원장은 그 과정의 경험을 중시했다. 벤투 감독과 협상은 순조롭게 진행됐다. 벤투 감독은 코치진 4명을 전원 대동해 김판곤 위원장에게 소개했고, 한국 축구에 관해 여러 가지 질문을 던지며 진지하게 대화했다. 김판곤 위원장은 진정성 있는 벤투 감독의 태도를 좋게 평가했다. 그렇다면 왜 다른 후보자들은 합의에 이르지 못했을까? 에르베 르나르 감독은 모로코 대표팀과 2022년까지 계약되어 있었고, 계약 해지 위약금이 생각보다 컸다. 이후 르나르 감독은 2019년 사우디아라비아 대표팀으로 자리를 옮겼다. 카를로스 케이로스 당시 이란 감독은 협상 소식이 이란 쪽 언론을 통해 흘러 나가자 여론을 의식해 발을 뺐다. 아시아 라이벌 국가로 옮기는 결정이 아무래도 부담스러웠던 모습이다. 무려 17명에 달하는 코칭스태프 규모도 장애물이 됐다. 키케 플로레스 감독은 조건이 맞지 않았다. 그가 요구한 연봉은 협회가 확보한 예산을 크게 뛰어넘는 수준이었다. 슬라벤 빌리치 감독 협상도 보수 문제로 결렬되었다.

8월 14일 협회가 포르투갈의 파울루 벤투 감독과 협상을 펼칠 것이라는 보도가 나왔다. 팬들의 반응은 부정적이었다. 2014년 브라질 월드컵에서 호화군단 포르투갈을 이끌고도 조별리그에서 탈락했고, 중국 리그에서도 실패한 지도자라는 비판이 일었다. 이후 키케 플로레스 감독이 한국으로 온다는 보도가 쏟아졌다. 김판곤 위원장의 귀국 하루 전 나온 기사라 많은 팬이 기대감을 나타냈다. 월드컵에서 실패한 파울루 벤투 감독보다는 다양한 빅리그 클럽들을 경험한 키케 플로레스 감독의 선임을 원하는 목소리가 컸다. 하지만 또 다시 새로운 기사가 나왔다. 한국이 벤투 감독과 계약을 체결했다는 소식이었다. 팬들은 완전히 다른 보도가 나오자 혼란에 빠졌다. 8월 17일 오전 10시, 김판곤 위원장은 앞으로 4년 동안 한국 축구를 이끌 감독을 발표하는 기자회견에 나섰다.

벤투도 한국이 필요했다

포르투갈 대표팀에서 물러난 벤투 감독은 2016년 5월 브라질의 1부 크루제이루EC에서 새 도전에 나섰다. 그의 감독 커리어 중 첫 번째 외국 무대 도전이었다. 벤투 감독의 브라질 도전은 실패로 끝났다. 2016년 5월 11일 부임한 벤투 감독은 불과 76일 만에 자리를 떠났다. 17경기에서 거둔 6승 3무 8패라는 초라한 성적은 현실적으로 변명의 여지가 없었다. 다음 행선지는 다시 유럽이었다. 벤투는 그리스의 명문 올림피아코스의 제안을 수락했다. 아쉽게도 하락세가 이어졌다. 성적이 나빴던 것은 아니다. 올림피아코스는 리그 선두를 달리며 우승을 향해 거침없이 나아갔다. 하지만 벤투 감독은 느닷없이 경질됐다. 승점 7점 차이로 단독 1위를 달리고 있었고, 컵 대회 4강 진출, UEFA 유로파리그 16강 진출까지 경쟁 중인 3개 대회 모두 분위기는 좋았다. 표면적 이유는 리그에서 당한 무득점 3연패에 있었는데 그보다는 벤투 감독이 공식 기자회견에서 겨울 이적시장 핵심 선수를 처분한 경영진을 공개 비판한 것이 직접적인 문제가 되었다는 분석이 설득력을 얻었다. 결국 올림피아코스는 벤투 감독을 약 7개월 만에 경질했다. 벤투 감독은 올림피아코스에서 40경기 26승 8무 6패의 좋은 성적을 거뒀다. 벤투 감독이 떠난 후 올림피아코스는 리그 우승을 차지했다.

두 팀 연속 최악을 경험한 벤투 감독이 향한 곳은 중국 무대였다. 당시 중국은 축구 굴기를 내세우며 막대한 자금을 투입하고 있었다. 2017년 11월 충칭당다이리판은 장외룡 감독이 물러난 자리에 벤투 감독을 앉혔다. 영입 조건은 대단했다. 충칭리판이 제시한 연봉은 무려 600만 유로(약 75억 원)에 달했다. 충칭리판은 벤투 감독과 함께 빅클럽 도약을 꿈꿨다. 하지만 이곳에서 벤투 감독은 앞선 두 팀보다 더 적은 경기를 소화한 채 해임되었다. 벤투가 원하는 수준의 선수 보강이 되지 않았고 성적은 점점 떨어졌다. 결국 6경기 연속 무승에 빠진 벤투 감독은 경질 통보를 받았고 이를 받아들였다. 254일 만의 사임이었다. 벤투 감독은 충칭리판에서 15경기 5승 2무 8패라는 좋지 않은 성적을 남겼다. 지금까지 부임했던 팀 중 가장 저조했다. 포르투갈 국가대표팀을 떠난 이후 벤투 감독은 줄곧 내리막을 걸었다. 이때 벤투 감독에게 손을 내민 곳이 바로 대한민국 국가대표팀이다. 반전이 필요했던 벤투 감독에게 한국행은 소중한 기회였다. 그렇게 벤투 감독은 2002년 한일 월드컵 조별리그에서 탈락했던 악몽의 땅, 한국으로 16년 만에 돌아왔다.

1986년 이후 역대 국가대표 감독 목록

	감독	선임	퇴임
01	김정남	1985.3.17	1986.11.19
02	박종환	1986.11.20	1988.6.30
03	김정남	1988.7.6	1988.10.5
04	이회택	1988.11.5	1990.6.30
05	이차만	1990.7.3	1990.8.8
06	박종환	1990.8.9	1990.10.23
07	고재욱	1991.5.22	1991.7.27
08	김호	1992.7.8	1994.6.30
09	아나톨리 비쇼베츠(러시아)	1994.7.24	1995.2.26
10	박종환	1995.4.26	1995.7.31
11	허정무(대행)	1995.8.1	1995.8.12
12	정병탁(대행)	1995.9.16	1995.9.30
13	고재욱(대행)	1995.10.20	1995.10.30
14	박종환	1996.2.15	1997.1.7
15	차범근	1997.1.8	1998.6.21
16	김평석(대행)	1998.6.22	1998.6.25
17	허정무	1998.10.14	2000.11.13
18	박항서(대행)	2000.12.10	2000.12.20
19	거스 히딩크(네덜란드)	2001.1.1	2002.6.30
20	김호곤(대행)	2002.11.3	2002.11.20
21	움베르투 코엘류(포르투갈)	2003.2.3	2004.4.19
22	박성화(대행)	2004.4.20	2004.6.15
23	요하네스 본프레레(네덜란드)	2004.6.24	2005.8.23
24	딕 아드보카트(네덜란드)	2005.10.1	2006.6.30
25	핌 베어벡(네덜란드)	2006.7.1	2007.8.3
26	허정무	2008.1.1	2010.6.30
27	조광래	2010.7.21	2011.12.8
28	최강희	2011.12.21	2013.6.19
29	홍명보	2013.6.24	2014.7.10
30	신태용(대행)	2014.9.2	2014.9.8
31	울리 슈틸리케(독일)	2014.9.24	2017.6.15
32	신태용	2017.7.4	2018.7.31
33	파울루 벤투(포르투갈)	2018.8.22	2022.12.6

전적	주요대회
26전 15승 7무 4패	*1986* **월드컵**[멕시코]
9전 4승 1무 4패	
2전 2승	
30전 19승 5무 6패	*1988* **아시안컵**[카타르] *1990* **월드컵**[이탈리아]
4전 3승 1패	
10전 8승 2무	
6전 3승 3패	
37전 14승 15무 8패	*1994* **월드컵**[미국]
16전 8승 4무 4패	
2전 1승 1무	
1전 1무	
1전 1패	
16전 8승 3무 5패	*1996* **아시안컵**[UAE]
41전 22승 8무 11패	*1998* **월드컵**[프랑스]
1전 1무	
34전 18승 5무 11패	*2000* **아시안컵**[레바논]
1전 1무	
38전 16승 11무 11패	*2002* **월드컵**[한·일]
1전 1패	
18전 8승 3무 7패	
4전 2승 1무 1패	
25전 11승 8무 6패	*2004* **아시안컵**[중국]
20전 10승 5무 5패	*2006* **월드컵**[독일]
17전 6승 6무 5패	*2007* **아시안컵**[동남아4개국]
45전 22승 15무 8패	*2010* **월드컵**[남아공]
21전 12승 6무 3패	*2011* **아시안컵**[카타르]
12전 6승 2무 4패	
19전 5승 4무 10패	*2014* **월드컵**[브라질]
2전 1승 1패	
39전 27승 5무 7패	*2015* **아시안컵**[호주]
21전 7승 6무 8패	*2018* **월드컵**[러시아]
57전 35승 13무 9패	*2019* **아시안컵**[UAE] *2022* **월드컵**[카타르]

벤투사단을

INTRODUCE

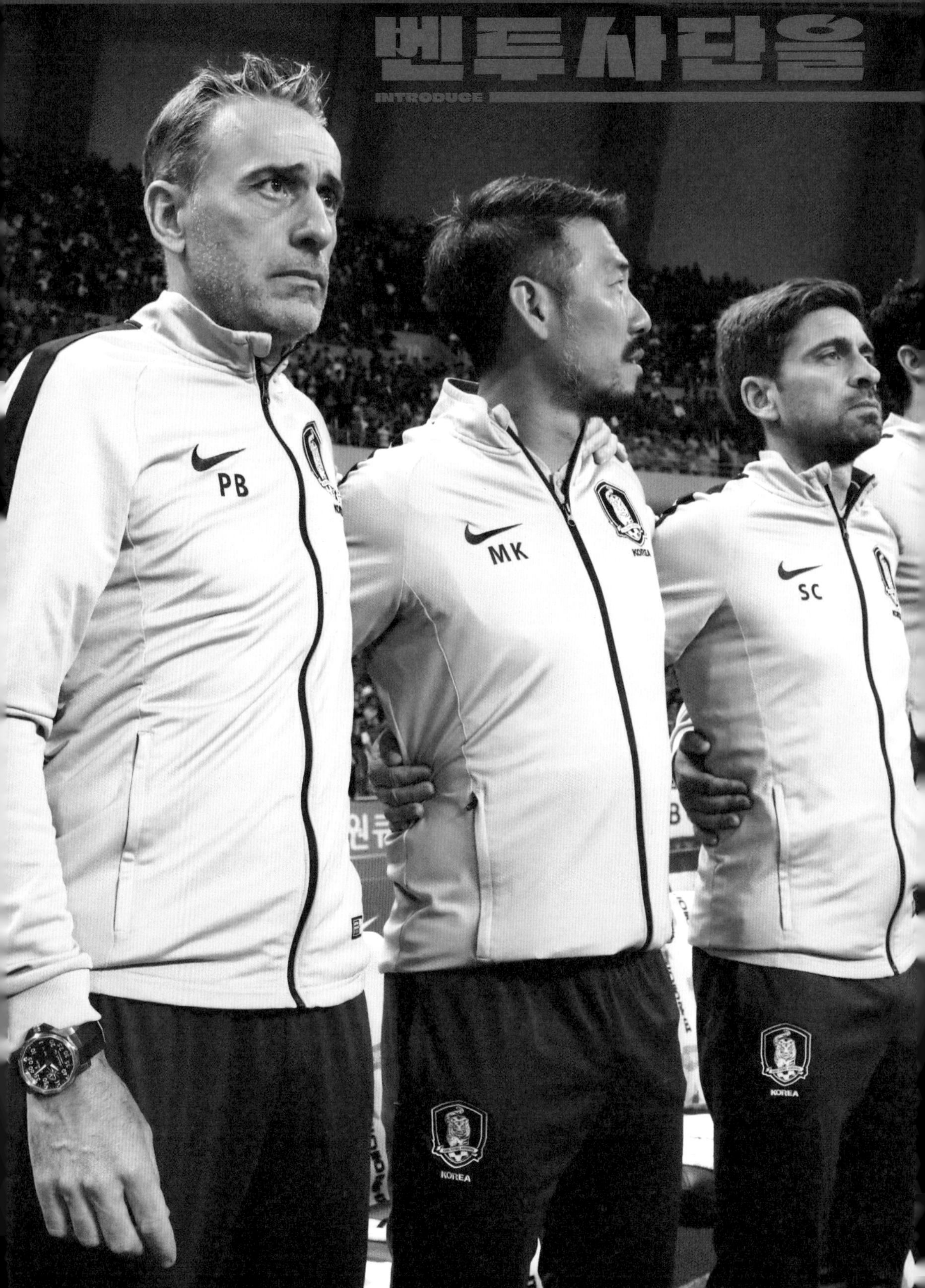

세르지우 이카스트루 코스타
SERGIO E. CASTRO COSTA
수석코치

비선수 출신 포르투갈 지도자. 2007년 스포르팅에서 벤투 감독과 함께 하기 시작했다. 이때부터 벤투 감독과 영혼의 단짝이 되어 그가 부임한 모든 팀에서 동행했다. 벤투 감독이 퇴장을 당하거나 부재할 경우 기술지역에서 직접 선수들을 지휘했다. 2022년 카타르 월드컵 조별리그 3차전 포르투갈전에서도 감독 역할을 대신했다. 한국의 16강 진출이 확정된 후에는 라커룸에서 애국가를 부르기도 했다. 대표팀에선 공격 파트를 책임졌다.

필리프 아마랄 히누 코엘류
FILIPE AMARAL RINO COELHO
코치

역시 비선수 출신 포르투갈 국적 코치. 2003년 이스토릴 프라이아(포르투갈) 유스팀 감독으로 지도자 생활을 시작했다. 2006년에는 비토리아 유스팀 감독을 맡았고 이후 UD빌라프랑케시(포르투갈)에서는 1군 감독을 경험했다. 카사피아AC(포르투갈), 레이송이스SC(포르투갈)까지 다양한 팀들을 거친 후 2018년 중국 충칭리판을 통해 벤투 사단에 합류했다. 한국 대표팀에서는 수비 파트를 맡았다.

비토르 주제 로페스 실베스트르
VITOR JOSE LOPES SILVESTRE
골키퍼 코치 & 전력분석관

포르투갈 출신 골키퍼 코치. 2009년 스포르팅에서 골키퍼 코치로서 지도자 생활을 시작했다. 로코모티프 모스크바(러시아), 이스토릴 프라이아(포르투갈)를 거쳐 2016년 크루제이루(브라질)에서 전력 분석 담당 스태프로 벤투 감독과 함께 하기 시작했다. 포르투갈전에서는 벤투 감독과 함께 관중석에 앉아 무전기로 벤치와 소통하는 중요한 역할을 맡았다.

페드로 안토니우 다스네베스 페레이라
PEDRO ANTONIO DAS NEVES PEREIRA
피지컬 코치

2008년 벤피카에서 스포츠과학자로서 축구계에 발을 담갔다. 2015년까지 한 클럽에서 꽤 긴 시간을 몸담았고, 2016년부터 크루제이루에서 벤투 감독의 피지컬 코치가 되었다. 이후 올림피아코스, 충칭리판, 한국 대표팀까지 벤투 사단에서 지도자 생활을 이어가고 있다. 카타르 월드컵 16강 진출이 확정된 후 선수단 버스에서 '오 필승 코리아'를 불렀다.

최태욱
CHOI TAEWOOK
코치

2000년부터 2014년까지 안양, 인천, 포항, 전북, 서울, 울산 등 다양한 팀에서 뛰며 성공적인 선수 생활을 보냈다. 은퇴 후 2015년 서울이랜드에서 유소년 총괄 코치를 맡아 지도자 생활을 시작했다. 15세 이하 팀 이후 2018년에 1군 코치로 승격했다. 2018년 벤투 감독의 부임과 함께 국내 코치의 일원으로 대표팀에 합류했다. 대표팀에서 선수들과 코칭스태프 사이의 소통을 주로 담당했다.

마이클 킴
MICHAEL KIM
코치

어릴 적 캐나다로 이민을 떠난 축구선수 출신 지도자다. 2000년 한국에 들어왔고, 2006년 대한민국 U23 대표팀에서 기술분석관 및 코치, 그 이후 제주유나이티드, 대전시티즌, 상하이선신(중국), FC안양을 거쳤다. 2018년 벤투호 출항 시점부터 합류해 여정을 함께 했다. 전술 훈련과 선수 파악, 아시아 지역 축구 정보 파악 등 중요한 역할을 했다. 한국어와 영어에 모두 능통해 훈련 시 선수들에게 코치진의 생각을 정확하게 전달하는 역할을 했다.

2018년 대한민국 국가대표팀 감독 부임 기자회견 벤투 일문일답

한국 대표팀을 맡게 됐는데?

나와 우리 코치진에게 이번 프로젝트를 믿고 맡겨준 대한축구협회 회장과 임원진에게 감사의 마음을 전한다. 첫 미팅부터 목표를 야심 차게 설명한 김판곤 위원장에게도 감사를 전한다. 위원장과 나눴던 대화가 내 결정에 정말 중요한 역할을 했다. 2019 아시안컵, 2022 카타르 월드컵 예선 통과를 위해 아시아 최고의 팀, 최고의 선수들과 함께 할 기회를 얻었다. 이번 장기 프로젝트는 한국 축구를 한층 더 발전시키는 좋은 기회가 될 것이다. 단지 한국 감독만 되고 싶은 게 아니라, 하나의 팀으로 야망을 갖고 우리의 목표를 달성하고 싶다.

그동안 한국 축구에 대한 인상은?

K리그와 한국 선수들을 알려면 시간이 더 필요하다. 한국 감독직을 맡기로 한 뒤 처음 한 일은 월드컵 경기와 예선전을 본 것이다. 그리고 어제 K리그 한 경기를 봤다. 이 한 경기로 모든 걸 안다고 하기에는 부족함이 있다. 한국 축구는 수준이 있다고 느꼈다. 2002 한일 월드컵은 한국 축구가 더 발전할 수 있는 계기가 됐다. 또 한국은 늘 월드컵 본선에 진출했다. 2002 한일 월드컵은 한국에 좋은 경험과 추억이 됐다.

한국은 감독 교체가 잦은 팀인데?

팬들의 기대치가 높다는 걸 알고 있다. 32년 동안 9번 연속 월드컵에 진출했기 때문이다. 그 중 두 번만 16강에 올랐으니 기대가 높은 건 당연하다. 이런 것들이 내가 한국을 선택한 이유다. 모두가 기대하고, 원하고, 믿음이 있다. 또 수준도 있다. 실력을 유지하면서 월드컵 진출에 성공할 수 있다고 믿었다. 10년 간 여러 감독들이 지나갔지만 현대 축구는 결과만 따진다. 김판곤 위원장은 우리의 목표를 장기 프로젝트라고 명확히 설명해줬다. 발전 의욕이 있어 감독직을 수락했다.

자신의 축구 철학이 무엇인지?

감독마다 철학과 스타일이 있다. 아시안컵 우승을 이루려면 최대한 빠른 시간 내 우리의 정체성을 찾아야 한다. 시간이 그리 많지 않다. 공을 점유하고, 경기를 지배하고, 최대한 많은 기회를 창출하는 경기를 하겠다. 수비는 언제, 어디서, 과감하게 압박할지 생각 중이다. 공격적으로는 위험을 줄이고 야망을 갖는 팀이 됐으면 좋겠다. 전체적으로 팀이 강도가 있고 90분 동안 끊임없이 뛰는 축구를 하고 싶다.

2002년 한일 월드컵에 선수로 출전했는데?

16년 전과 지금을 비교하긴 어렵다. 2002년에는 훈련, 경기만 하고 호텔에만 있었다. 이번에는 여러 가지를 더 보고 알고 싶다. 2002년 축구와 지금의 축구를 비교하는 건 쉽지 않다. 16년은 많은 것들이 변할 수 있는 시간이다. 우리 포르투갈과 만났던 2002년 한국 팀은 조직력이 좋았고 압박이 굉장히 강했다. 지금 한국 팀은 성격과 스타일이 많이 달라지진 않았지만 강도는 조금 다르다. 그런 것들은 조직력을 통해 나아질 수 있다.

함께 온 코치 4명은 무슨 역할을 하는지?

이번 프로젝트가 일반 감독 선임과 다른 것들 중 하나는 코칭스태프 전체를 구성해서 왔다는 점이다. 5명 모두 한국에 온 건 대한축구협회와 김판곤 위원장의 절대적인 믿음이라고 봐야 한다. 코칭스태프 4명은 4년 간 모든 기획, 관찰, 준비를 함께 할 것이다. 그 구성원에는 골키퍼 코치, 피지컬 코치, 필드 코치 2명이 있다. 필드 코치 1명은 공격, 1명은 수비를 맡는다.

중국에서 아시아 축구에 대해 느낀 점은?

중국에서 실패했다고 생각하지 않는다. 중국에서는 환경이 달라 어려웠다. 한국에 오니 환경이 어떻게 다른 지 알았다. 당시를 돌아보면 우리가 한 번도 경험하지 못한 결정들을 내려야 하는 때가 있었다. 중국에서 7개월 있었는데 다른 팀에서는 4년을 보낸 적도 있다. 구단에서 설정한 목표는 1부 리그 잔류였고, 시즌 중 단 한 번도 강등권으로 내려간 적이 없다. 이런 상황을 보면 실패라 보기 어렵다. 얼마든지 더 나은 성적을 낼 수 있었다.

냉정하게 한국 축구를 평가한다면?

한국 축구의 수준은 어느 정도 알고 있다. 어디까지 할 수 있다고 말하기는 쉽지 않다. 직접 본 것은 어제 K리그 한 경기다. 예선과 본선은 직접 보지 않았다. 다만 영상을 통해 매우 긍정적인 면을 봤다. 한국은 조직적이고 역습을 잘 활용했다. 어느 시점에서는 좋은 수비 조직력도 보여줬다. 공을 잃으면 빠른 반응을 보였다. 전사 기질을 보여준 것이다. 이를 잘 유지하기 위해 노력하겠다.

마지막으로 한국 축구 팬들에게 하고 싶은 말은?

한국 팬들에게 한 마디 하고 싶다. 우린 한국 대표팀을 맡아 굉장히 영광스럽다. 최선을 다해 매우 전문적으로 접근하겠다. 달성하고자 하는 걸 위해 야망을 갖고 열심히 하겠다. 모두가 즐길 수 있는 그런 경기를 보여주겠다. 평가전이나 공식 경기 모두 수준 높은 경기를 보여주겠다.

04

상처가 있어야
새살이 돋는다

파울루 벤투 대한민국 대표팀 감독의 첫 대회는 2019년 AFC아시안컵이었다. 목표는 명확했다. 59년 만에 우승이었다. 울리 슈틸리케 감독이 이끌었던 한국 대표팀은 2015년 호주 대회에서 준우승을 기록했다. 정규 시간 종료 직전 손흥민이 극적 동점골을 터뜨리며 한국은 승부를 연장전으로 끌고 갔지만 마지막에 웃은 쪽은 개최국 호주였다. 그렇게 아시아의 호랑이 한국은 또 다시 아시안컵에서 고개를 숙였다. 2019년 대회를 앞두고 벤투 감독은 팬들의 많은 기대를 받았다. 슈틸리케 체제에서도 결승전까지 올랐던 대회에서 벤투 감독은 한국에 우승을 선물할 것처럼 보였다.

불안한 내용 vs 완벽한 결과

벤투호는 중국, 키르기스스탄, 필리핀과 함께 C조에 속했다. 우승을 노리는 한국으로서는 조별리그 통과는 전혀 문제가 아니었다. 토너먼트 단계에서 어떤 모습을 보여주는지가 중요했다. 핵심 선수인 손흥민이 조별리그 3차전부터 대표팀에 합류하는 것도 그런 여유가 작용한 결과였다. 그런데 조별리그에서 나타난 경기력은 불안감을 샀다. 1차전 상대는 스벤예란 에릭손 감독이 이끄는 필리핀이었다. 당시 필리핀의 FIFA랭킹은 116위였고, 아시안컵에는 첫 번째

출전이었다. 여러모로 한국의 낙승이 예상됐으나, 약체를 상대로 한국은 진땀을 흘렸다.

벤투호의 공격진은 필리핀 수비를 제대로 뚫지 못한 채 위협적 장면을 자주 허용하며 아슬아슬한 내용이 이어졌다. 후반 22분 황희찬의 패스를 받은 황의조가 결승골을 터뜨린 후에야 겨우 웃을 수 있었다. 경기 후 대표팀은 승리에도 부진한 경기력으로 비판을 받았다. 설상가상 핵심 미드필더 기성용이 부상으로 이탈하며 대회 지속 여부가 불투명해졌다. 경기 후 벤투 감독은 "기회를 제대로 만들지 못했다. 그래도 경기를 지배했다. 다음 경기에서는 준비를 더 잘해서 공격을 정교하게 만들겠다. 그렇다고 다른 방식으로 하진 않을 것이다. 최대한 공격을 하고 기회를 창출할 수 있도록 하겠다"고 밝혔다. 2차전 상대는 FIFA랭킹 91위 키르기스스탄이었다. 필리핀과 마찬가지로 아시안컵 첫 출전이었다. 한국의 무난한 승리가 될 것이라는 예상은 또 빗나갔다. 한국의 빈약한 공격은 키르기스스탄의 수비를 쉽게 뚫지 못했다. 완벽한 기회가 여러 차례 있었지만 득점을 만들지 못했고, 치명적 수비 실수로 실점에 가까운 장면을 허용하기도 했다. 한국은 전반 41분 코너킥을 김민재가 정확한 헤더로 결승골을 넣으며 간신히 승리했다. 두 경기 연속 1-0 신승이었다.

팬들은 벤투 감독의 전술을 비판하기 시작했다. 부임 당시 강조한 능동적 축구는 상대의 압박에 맥을 추지 못했다. 경기 중 상황을 타개하는 교체 카드 구사가 거의 없다는 불만도 조금씩 나왔다. 벤투 감독의 답은 똑같았다. 경기 후 벤투 감독은 "경기력은 좋지 못했지만 승리는 공정한 결과라고 생각한다. 득점 기회를 살리지 못해 어려운 경기가 됐다. 잔 실수가 많아 상대 진영에서 플레이 하는 게 어려웠다. 지금처럼 경기를 운영하면서 마무리에서 효율성을 높이도록 노력하겠다"며 다시 한번 현재 색깔을 유지하겠다고 강조했다.

지친 캡틴의 지각 합류

조별리그 마지막 상대는 중국이었다. 공한증이라는 말이 있을 정
도로 중국은 전통적으로 한국에 약했다. 물론 반대로 한국은 중국
에 강했다. 하지만 이탈리아 명장 마르첼로 리피 감독이 부임한
후에는 1무 1패라는 초라한 성적을 거둬 불안감을 낳았다. 방심할
수 없는 경기였다. 이때 프리미어리그의 손흥민은 맨체스터 유나
이티드전까지 풀타임을 소화한 직후 벤투호에 합류했다. 팬들은
맨유전으로부터 이틀밖에 지나지 않은 손흥민이 중국전에서 쉴
것이라고 예상했다. 언론과 팬 모두 벤투 감독이 어떤 성향인지
파악하지 못했다는 사실이 드러났다.

베스트일레븐의 중요성을 강조하는 벤투 감독은 보란듯이 중국
전에서 손흥민을 선발로 기용했다. 일단 선택은 성공이었다. 전반
11분 손흥민이 페널티박스 안에서 위협적 드리블로 페널티킥을
얻어냈고 황의조가 이를 침착하게 해결해 한국은 1-0 리드를 잡
았다. 후반 5분에는 손흥민의 날카로운 코너킥을 김민재가 머리
로 연결해 스코어라인을 2-0으로 만들었다. 주장 손흥민이 합류
하자 경기력은 크게 좋아졌다. 후방 빌드업이 정확해졌고 공격 패
턴도 다양하게 나왔다.

1차전부터 부상으로 이탈한 기성용을 대신해 들어간 황인범의 활
약도 돋보였다. 엄청난 활동량과 정확한 패스로 중원을 지배했다.
이때부터 황인범은 벤투호의 황태자가 되기 시작했다. 조별리그
내내 쏟아진 경기력 비판과 3전 전승이란 결과가 극명한 대비를
보이는 가운데 벤투호는 16강으로 향했다. 경기 후 벤투 감독은
"손흥민의 합류로 다양한 공격 옵션을 가져갈 수 있었다. 문제도
있었지만 손흥민이 노력과 희생을 보여줬다. 모든 감독들은 당연
히 훌륭한 선수를 쓰고자 하는 생각이 있다. 우리의 플레이 스타
일을 유지하고 경기별 전략을 생각하겠다. 상대를 존중하면서 우
리 플레이를 하겠다"고 말했다.

토너먼트가 시작되었다. 첫 관문인 16강전 상대는 A조 3위로 올
라온 바레인이었다. 객관적 전력에서 한국이 앞섰지만 패배는 곧
탈락인 녹아웃 방식에서는 방심은 금물이다. 경기는 쉽게 풀리지
않았다. 전반 43분 황희찬의 선제골로 한국이 앞서갔지만, 경기
막판 모하메드 알 로마이히에게 동점골을 내주고 말았다. 경기는
연장전에 돌입했다. 내용은 치열했다. 연장 전반 추가시간 이용의
크로스를 반대편에서 쇄도하던 레프트백 김진수가 머리로 해결

해 한국은 8강 진출에 성공했다.

8강행의 기쁨은 선수단의 체력 저하로 상쇄되었다. 벤투 감독은 플랜A에 집중하며 조별리그 3경기와 16강 경기까지 주전급 선수들을 계속 기용했다. 센터백을 구성한 김민재와 김영권, 중원의 정우영, 공격 라인에 황의조와 황희찬은 전 경기에 선발로 출전했을 뿐 아니라 대부분 풀타임을 소화했다. 리그 일정으로 피로가 축적된 손흥민도 합류 후 매 경기 선발로 뛰었다. 경기 후 벤투 감독은 "각 팀과 감독마다 원하는 축구 스타일이 있다. 부임 후 일관된 스타일을 유지했다고 본다. 우린 계속해서 우리가 원하는 스타일 대로 경기를 풀어나갔다. 모든 상대를 존중한다. 우린 우리가 생각하는 가장 좋은 방법으로 플레이를 하면 된다"고 말했다. 그렇게 벤투호는 불안한 상태로 8강전에 나섰다.

8강 상대는 난적 카타르였다. 카타르는 이번 대회에서 11득점 0실점이라는 놀라운 기록으로 8강까지 올랐다. 바르셀로나 레전드 차비 에르난데스 알사드 감독은 이번 대회 우승팀으로 카타르를 지목했다. 8강전에서 한국이 패할 것이란 예상이었다. 이때만 해도 차비의 예상을 카타르에서의 '사회생활'이라고 여겼다. 벤투 감독은 8강 바레인전 선발진 중 9명을 다시 선발로

선택했다. 벤투 감독이 얼마나 플랜A를 중시하는지 알 수 있었다.

몸이 무거웠던 한국은 특별한 모습을 보여주지 못했다. 지루한 소모전이 이어지면서 벤투호의 움직임이 느려졌다. 후반 33분 압둘 아지즈 하템이 왼발로 때린 중거리슛이 한국의 골문을 갈랐다. 대회 내내 슈퍼세이브를 보여준 김승규가 몸을 날렸지만 막을 수 없었다. 다급한 한국은 서둘러 동점골을 노렸다. 황의조가 이용의 크로스를 득점으로 연결했으나 부심 깃발이 올라갔다. 남은 시간 한국은 중앙 수비수 김민재까지 최전방에 세워 총공세를 펼쳤다. 결과는 달라지지 않았다. 한국의 지친 엔진은 그렇게 시동이 꺼졌다.

한국 감독 부임 후 11경기 연속 무패 행진을 달리던 벤투 감독의 첫 패배이자 요하네스 본프레레 감독 이후 15년 만에 아시안컵 8강이라는 실망스러운 성적표가 나왔다. 대회를 마감한 벤투 감독의 노선도 변하지 않았다. "우리가 원하는 방향으로 경기를 지배하고 싶었다. 하지만 상대의 조직력이 강했다. 상대가 우리보다 훨씬 더 효율적인 경기를 했다. 우리가 좋은 기회는 많이 만들었지만 효율적인 축구를 하지 못했다고 하면 동의할 수 있다. 하지만 기회 창출을 많이 못했다는 평가에는 다른 생각이다. 난 앞으로도 같은 스타일을 고수할 것이다."

변화가 필요한 한국 그리고 벤투의 선택

세상에 영원한 건 없다. 아시안컵 결과로 얻은 교훈은 변화였다. 2012년 런던 하계올림픽에서 한국 축구 역사상 처음으로 메달을 획득한 일명 '런던 세대'는 어느덧 대표팀에서 지는 해가 됐다. 런던올림픽에 출전했던 지동원, 구자철, 기성용 그리고 이청용까지 어느새 조연이 되어 물러나야 하는 시기가 된 것이다. 벤투 감독은 깜짝 발탁 없이 무난한 최종명단으로 아시안컵에 나섰는데 확실히 한계를 느꼈다. 결과적으로 보자면 한국 축구에 필요했던 변화가 적절한 시점에 나타났다고 할 수도 있었다. 기성용과 구자철이 이번 대회를 자신의 마지막 대회라고 밝히며 은퇴를 예고했고, 지동원과 이청용의 기량도 눈에 띄게 하락했다. 기성용의 필요성을 아는 벤투 감독은 국가대표 은퇴를 만류했지만 소용없었다. 벤투 감독은 자신과 앞으로 4년을 함께할 새 얼굴을 찾아야 했다.

벤투 감독의 계약기간은 2022년 카타르 월드컵까지였다. 그때까지 대표팀을 구성할 선수들을 찾아야 한다. 2019년 아시안컵에서 발굴한 자원은 황인범과 김문환 정도였다. 결국 벤투 감독은 아시안컵이 끝난 후 치러진 첫 번째 A매치에서 새 선수들을 대거 발탁했다. 이 선택이 벤투 감독의 성공을 만들었다고 해도 과언이 아니다. 벤투 감독은 부상으로 아시안컵에 가지 못한 나상호, 이진현, 김정민, 백승호, 이강인 등 다양한 선수들을 소집했다. 가장 눈에 띄는 선수는 역시 이강인이었다. 벤투 감독의 첫 번째 선택을 받은 이강인은 전방에 고립된 황의조나 손흥민을 살릴 수 있는 최적 카드로 평가받았다. 결과적으로 이강인은 2022년까지 벤투호의 공로자보다는 골칫거리로 남았다. 소속 클럽에서 출전 기회를 얻지 못하거나 부진이 이어지면서 이강인은 정상 컨디션을 유지할 때가 드물었기 때문이다. 이강인의 재능이 뛰어나다고 해도 경기 감각이 떨어진 상태에서는 벤투 감독의 신뢰를 얻기가 어렵다. 어쨌든 진정한 의미에서 벤투호의 출발은 2019년 아시안컵 종료 후였다.

아시안컵 역대 결승전 및 한국 최종 성적

1956 ----------
1960 ----------
1964 ----------
1968 ----------
1972 ----------
1976 ----------
1980 ----------
1984 ----------
1988 ----------
1992 ----------
1996 ----------
2000 ----------
2004 ----------
2007 ----------
2011 ----------
2015 ----------
2019 ----------

2019 아시안컵 최종명단

GK	1	김승규
	23	조현우
	21	김진현
DF	2	이 용
	3	김진수
	4	김민재
	14	홍 철
	15	정승현
	19	김영권
	20	권경원
	22	김문환
MF	5	정우영
	6	황인범
	7	손흥민©
	8	주세종
	10	이재성
	12	이승우
	13	구자철
	16	기성용
	17	이청용
	11	황희찬
FW	9	지동원
	18	황의조

2019 아시안컵 8강 카타르전 포메이션

4 - 2 - 3 - 1

개최국	우승	스코어	준우승	한국 최종 성적
홍콩	대한민국	풀리그	이스라엘	우승
대한민국	대한민국	풀리그	이스라엘	우승
이스라엘	이스라엘	풀리그	인도	3위
이란	이란	풀리그	버마	예선 탈락
태국	이란	2-1	대한민국	준우승
이란	이란	1-0	쿠웨이트	예선 탈락
쿠웨이트	쿠웨이트	3-0	대한민국	준우승
싱가포르	사우디	2-0	중국	조별리그
카타르	사우디	0-0(PK 4-3)	대한민국	준우승
일본	일본	1-0	사우디	예선 탈락
UAE	사우디	0-0(PK 4-2)	UAE	8강
레바논	일본	1-0	사우디	3위
중국	일본	3-1	중국	8강
동남아4개국	이라크	1-0	사우디	3위
카타르	일본	1-0	호주	3위
호주	호주	2-1	대한민국	준우승
UAE	카타르	3-1	일본	8강

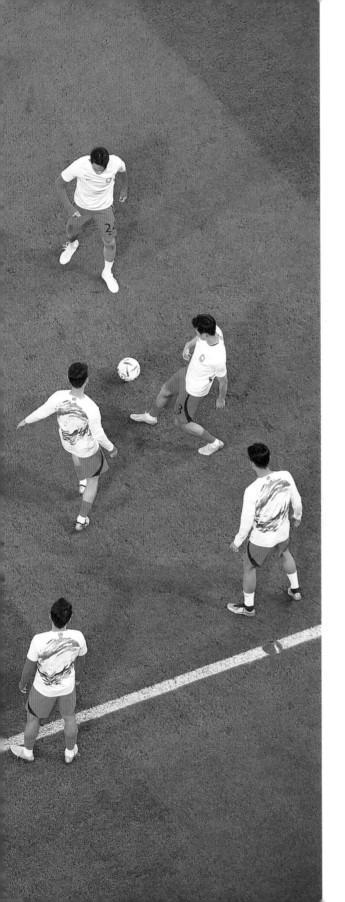

2018년부터 2022년까지 '벤투호'를 둘러싸고 가장 자주 언급된 단어는 아마도 '빌드업 축구'일 것이다. 파울루 벤투 감독이 공식 석상에서 이 단어를 자주 사용하면서 언론과 팬 사이에서는 '벤투 축구＝빌드업 축구'라는 공식이 자연스럽게 정착되었다. 결론부터 말하면 그런 명명은 틀렸다. '빌드업'은 상황에 맞춘 플레이 전개를 의미하는 일반적 개념이기 때문이다. 2022년 카타르 월드컵이 끝난 후에야 언론은 벤투호의 스타일을 '능동적 축구'로 지칭했다. 말 그대로 벤투 감독은 능동적이고 주도적인 축구를 추구했다. 90분 내내 볼을 점유해 경기 자체를 지배하는 스타일이다. 축구 경기에서 벌어지는 상황은 크게 네 가지로 분류된다. 볼을 소유했을 때, 상대가 볼을 소유했을 때, 볼 소유권을 빼앗겼을 때, 반대로 볼 소유권을 되찾았을 때로 나눌 수 있다. 벤투 감독은 네 가지 상황에서 모두 능동적으로 대처하는 경기 스타일을 지향했다. 볼을 소유했을 때와 볼 소유권을 되찾았을 때에는 어떤 플레이가 능동적인지 쉽게 알 수 있다. 하지만 상대가 볼을 지녔을 때와 상대에게 볼을 빼앗겼을 때까지 능동적으로 뛰는 스타일이 바로 벤투 감독이 4년간 대한민국 국가대표팀에 심은 스타일이다. 전술주기화 이론을 정립한 포르투대학교 비토르 프라데 교수는 이런 네 가지 상황에 따라서 팀이 어떤 플레이를 전개해야 하는지에 초점을 맞췄다. 팀은 네 가지 상황('phase'라는 단어를 사용한다)에 맞춰 최적화된 플레이(방향, 위치, 타이밍 등)를 하도록 훈련되어야 한다. 팀마다 선수 자원이 다르기에 최적화 방법도 모두 다를 수밖에 없다. 보유 선수의 특징과 능력을 종합적으로 검토한 결과가 바로 '게임모델'이다. 사실 벤투 감독이 추구하는 스타일은 본인이 독자적으로 고안했다기보다 포르투갈 축구에서 출발한 게임모델과 전술주기화 이론에 근거한 교과서적 접근법이라고 할 수 있다.

손흥민은 대한민국 대표팀에 꼭 필요한 선수다. 너무나 당연한 이야기다. 세계 최고 무대에서 눈에 띄는 활약을 하는 손흥민을 뽑지 않을 이유가 없다. 벤투 감독은 손흥민을 최우선적으로 기용했다. 그러다 보니 팬들 사이에서는 혹사 논란이 나왔다. 벤투 감독의 철학은 분명했다. 최고 선수는 무조건 선발 명단에 들어가야 한다는 것이다. 대한민국 대표팀 데뷔전부터 2019년 AFC아시안컵, 2022년 카타르 월드컵 지역예선 및 본선에서 벤투 감독은 손흥민을 선발 명단에서 제외한 적이 거의 없었다. 또 손흥민은 2018년 러시아 월드컵 이후 기성용으로부터 주장 완장을 물려 받았다. 포르투갈에 크리스티아누 호날두가 있다면 벤투 감독의 한국에는 손흥민이 있었다.

런던에서 한국으로 오는 고된 여정에도 벤투 감독은 손흥민을 선발로 기용했다. 손흥민이 파나마 같은 약팀과 평가전에서도 풀타임을 소화한 것을 보면 벤투 감독이 그를 어떻게 생각하는지 알 수 있다. 좀처럼 속마음을 잘 드러내지 않는 손흥민도 계속되는 경기 출전에 힘들다고 토로하기도 했다. 2018년 10월 파나마전이 끝난 후 손흥민은 "조금 힘든 것 같다. 후반전을 뛸수록 힘들다는 생각이 들었다"라고 말했다. 당시 손흥민은 러시아 월드컵부터 토트넘 프리시즌, 벤투호 A매치까지 총 지구 2바퀴 이상(약 146,000km)을 도는 거리를 이동하며 숨쉴 틈 없이 출전했다.

이때부터 손흥민 혹사 논란이 시작됐다. 2019년 아시안컵에서도 손흥민은 맨유전 풀타임을 뛰고 대표팀에 합류하자마자 조별리그 3차전(vs중국)에 선발 출전해 거의 풀타임을 소화했다. 벤투 감독의 생각은 확고했다. 최고 선수는 선발명단에 있어야 한다는 것이다. 팬들은 이런 벤투 감독의 단호한 선수 기용 원칙에 우려를 나타냈다. 중요한 경기라면 이해할 수 있는데 무게감이 떨어지는 경기에서도 손흥민이 계속 선발로 나서며 체력을 소모했기 때문이다. 플랜A를 강조하는 벤투 감독은 그중에서도 손흥민의 선발 출전을 상당히 신경썼다.

손흥민이 정상 컨디션에서 선발로 출전하지 않은 사례는 2021년 6월 스리랑카전이 처음이다. 벤투 감독이 부임한 후 거의 3년 만이다. FIFA랭킹 204위, 월드컵 아시아 2차 예선 정도는 돼야 손흥민을 아낀다고 해석할 수도 있다. 물론 벤투 감독의 원칙은 충분히 이해할 수 있다. 최고 에이스를 벤치에 뒀다가 부정적 결과가 나오기라도 하면 책임은 오롯이 감독이 져야 하기 때문이다. 손흥민 본인도 출전 의지를 강하게 전해왔다. 벤투 감독은 자신이 한국에 부임한 4년 4개월 내내 손흥민을 계속해서 달리게 했고, 대한민국 캡틴은 늘 선발명단에 있었다.

05

2022년
카타르 월드컵을 향한
첫발

벤투호는 초라했던 아시안컵 여정을 마무리하고 다음 스텝을 밟았다. 10회 연속 FIFA월드컵 본선 진출이었다.
2022년 카타르 월드컵 아시아 2차 예선에서 한국은 레바논, 투르크메니스탄, 스리랑카, 북한과 H조에 속했다.
가장 눈에 띄는 팀은 역시 북한이었다. 2010년 남아공 월드컵 지역 예선 이후 약 10년 만의 재회였다. 홈&어웨이
방식 진행이기에 양국 경기는 서울과 평양 개최를 기본으로 한다. 중동 복병 레바논까지 있는 조편성은 방심할
수 없었다. 꿈의 무대 카타르로 가는 험난한 여정을 시작했다.

결과만 바라보는 벤투호

2022년 카타르 월드컵 아시아 2차 예선 첫 번째 경기는 투르크메니스탄 원정이었다. 벤투 감독은 첫 경기부터 베스트일레븐, 즉 플랜A를 가동했다. 손흥민, 황의조, 김민재, 이재성, 정우영, 김승규 등 핵심 선수들이 모두 선발로 출전했다. 벤투 감독은 첫 경기부터 확실한 승리를 원했다. 한국은 전반 13분 나상호, 후반 37분 정우영의 득점을 앞세워 투르크메니스탄을 2-0으로 꺾었다. 기대했던 완벽한 출발이었다.

두 번째 경기는 H조 최약체 스리랑카였다. 홈 경기라는 어드밴티지 속에서도 벤투 감독은 손흥민, 황희찬, 김민재 등 최정예 선발진을 꾸렸다. 경기 장소나 상대 전력과 무관하게 벤투 감독은 이번에도 100% 전력을 다했다. 결과는 8-0 대승. 벤투호에서 처음으로 선발로 나선 김신욱이 압도적 피지컬을 바탕으로 4골을 퍼부었다. 손흥민은 62분, 황희찬은 풀타임을 소화했다.

세 번째 경기가 북한 원정이었다. 1990년 이후 29년 만에 한국 대표팀이 평양으로 원정을 떠나는 역사적 이벤트였다. 벤투 감독은 남북한의 역사적 특수성을 알면서도 평소처럼 경기를 준비했다. 상대가 누군지는 중요하지 않았다. 하지만 평양 원정은 벤투 감독은 물론 모든 이의 예상을 거부했다. 북한 측의 비상식적 대응 탓에 경기개최 자체가 며칠 전까지 불투명했다. 경기 개최가 간신히 결정되었더니 이번에는 북한이 취재진과 응원단의 방북을 불허했다. 북한은 한술 더 떴다. 남한 방송사를 상대로 엄청난 금액의 TV중계권료를 요구한 것이다. 남북한 당국, 아시아축구연맹(AFC), 양쪽 협회가 관여하면서도 결국 한반도의 두 국가는 이견을 좁히지 못했다. 월드컵 예선전의 생중계가 불발된다는 초유의 사태가 벌어졌다. 국제 스포츠 무대에서 북한이 고립되는 이유가 재차 입증된 셈이다.

벤투호는 어수선한 분위기 속에서 평양으로 향했다. 중국을 경유하는 불편함은 애교였다. 평양에 입국한 직후, 벤투호 선수단은 까다로운 입국 절차에 무료하게 시간을 낭비해야 했다. 경기 당일, 지아니 인판티노 국제축구연맹(FIFA) 회장이 직접 현장 참관에 나설 정도로 남북한 맞대결은 국제적 관심사였다. 경기는 예상대로 어려웠다. 벤투 감독은 이번 경기에도 플랜A를 가동했다. 북한 선수들은 거친 몸싸움을 펼치며 한국 선수들의 심기를 긁었다. 경기 중 양 팀 선수들은 몇 차례나 충돌할 만큼 거친 분위기가 이어졌다. 결국 경기는 0-0 무승부로 끝났다. 북한으로서는 성공이었다. 대표팀 선수들은 서울에서 열릴 두 번째 맞대결을 별러야 했다.

4차전 레바논 원정도 험난했다. 레바논의 반정부 시위로 인해 치안이 불안해 무관중 경기가 확정됐다. 한국은 2경기 연속 무관중 경기라는 드문 경험을 했다. 경기는 90분 내내 답답했다. 황인범, 이강인 등 경기를 풀어야 하는 선수들이 집중 마크를 당하면서 공격이 꽉 막혔다. 손흥민과 황의조가 풀타임을 뛰었지만 경기는 0-0 무승부로 끝났다. 2차 예선에서 2경기 연속 무득점은 1973년 이후 46년 만이었다. 그만큼 대표팀의 공격은 형편없었다. 벤투 감독이 주창하던

능동적 축구는 찾아볼 수 없었다. 순위도 불만족스러웠다. 조 1위를 달리고 있었지만 2위 레바논, 3위 북한과 단 1점 차이였다. 상황이 이렇게 되자 벤투 감독을 향한 비판이 다시 등장했다. 최정예 자원을 가동하고도 결과를 내지 못했으니 자연스러운 민심 악화였다.

이런 상황에 좋은 소식이 전해졌다. 코로나19 팬데믹의 여파로 잔여 경기가 모두 한국에서 개최되기로 결정된 것이다. 북한은 월드컵 예선 자체를 기권한다고 선언했다. 원정국들의 코로나19 팬데믹이 이유였지만, 한국에서 잔여 일정을 치르는 상황을 원하지 않는다는 분석이 지배적이었다. 전쟁 같았던 평양 원정 경기는 허무하게 무효 처리되었다. 벤투 감독은 2주 동안 3경기를 치러야 하는 강행군을 위해 새로운 자원을 대거 발탁했다. 신성 정상빈이 생애 첫 태극마크를 달았고, K리그에서 뛰어난 경기력을 보이던 이기제, 강상우, 송민규, 이동경도 벤투호의 선택을 받았다. 벤투 감독은 지금 당장 K리그에서 좋은 기량을 보여주는 선수를 뽑을 수밖에 없었다.

6월 5일 고양 종합운동장에서 열린 7차전 투르크메니스탄전은 팬들의 뜨거운 성원과 함께 시작됐다. 약 1년 8개월 만에 국내에서 열리는 A매치였기에 대표팀 직관에 목 말랐던 축구 팬들이 빠르게 예매에 뛰어들어 30분 만에 매진되었다. 벤투 감독은 4-3-3 포메이션으로 최전방에 손흥민, 황의조, 황희찬이라는 플랜A를 가동했다. 이번 경기는 완벽한 성공이었다. 결과와 내용을 모두 잡은 시원한 90분이었다. 전반 10분 황의조의 선제 득점을 시작으로 전반 추가시간 남태희, 후반 12분 김영권, 18분 권창훈, 28분 황의조의 연속골이 쏟아졌다. 한국은 슈팅 28개를 퍼부어 투르크메니스탄을 무너뜨렸다.

나흘 뒤 열린 스리랑카전은 비보 속에서 진행되었다. 2002년 월드컵의 영웅 유상철 감독이 이틀 전 세상을 떠났다. 선수들은 경기 전 묵념으로 먼저 떠난 선배를 추모했고, 검은색 밴드를 착용하고 출전했다. 벤투 감독은 최약체 스리랑카를 상대로 드디어 주축들에게 휴식을 부여했다. 손흥민 대신 송민규, 황의조 대신 김신욱이 들어갔다. 중원에도 이동경, 손준호, 수비에는 이기제, 원두재 등 기존에 벤치를 지키던 자원들이 기회를 받았다. 경기는 순조로웠다. 전반 15분 김신욱이 선제골을 터트렸고, 이동경(22분), 김신욱(전반 43분), 황희찬(후반 7분), 정상빈(후반 32분)의 골이 연이어 터졌다. 한국은 5-0 대승을 거두며 2023년 아시안컵 본선 진출과 함께 월드컵 최종예선 진출에 성공했다.

월드컵 2차 예선의 마지막 상대는 레바논이었다. 이 경기에서 벤투 감독은 투톱을 실험했다. 손흥민과 황의조를 전방에 세우고 2선에 송민규, 이재성, 권창훈을 배치했다. 경고 누적으로 빠진 김민재의 자리는 원두재가 채웠다. 경기는 예상과 달랐다. 전반 12분 김문환의 실수가 선제 실점으로 이어졌다. 리드를 잡은 레바논은 라인을 내려 수비에 전념했다. 한국은 동점골을 노렸지만 상대 골문은 좀처럼 열리지 않았다. 결국 전반은 0-1로 뒤진 채 끝났다. 후반이 되자 조금씩 공격이 살아났다. 결국 후반 6분 손흥민의 코너킥을 송민

규가 헤더로 해결해 동점골을 터뜨렸다. 상대 수비수 사브라 맞고 굴절되어 최종적으로는 자책골로 기록됐다. 후반 21분 남태희가 얻어낸 페널티킥을 손흥민이 골로 만들어 승부를 뒤집었다. 득점 후 손흥민은 골대 뒤에 있던 중계 카메라를 향해 유로 2020에서 심장마비로 쓰러진 토트넘 전 동료 크리스티안 에릭센을 응원하는 셀러브레이션을 펼쳐 감동을 자아냈다. 벤투호의 월드컵 아시아 2차 예선은 성공적으로 마침표를 찍었다.

세계 최강 브라질, 그래서 뭐?

카타르 월드컵 아시아 2차 예선 기간 중 남미 챔피언 브라질(당시 FIFA랭킹 3위)을 상대했다. 친선전은 브라질의 제안으로 성사되었고 장소는 UAE 아부다비였다. 6년 만의 브라질전에 강팀과 A매치를 기다렸던 축구 팬들은 흥분했다. 벤투 감독도 대표팀의 최정예 전력을 제대로 시험할 좋은 기회였다. 벤투 감독은 예상대로 플랜A를 가동했다. 4-2-3-1 포메이션으로 최전방에 황의조, 2선에 손흥민, 이재성, 황희찬, 중원에는 주세종과 정우영, 포백은 김진수, 김영권, 김민재, 김문환, 골문은 조현우였다. 브라질의 라인업은 역시 화려했다. 네이마르가 부상으로 빠졌지만 히샬리송, 필리페 쿠티뉴, 가브리엘 제주스, 파비뉴, 루카스 파케타, 에데르 밀리탕, 마르퀴뇨스, 알리송 베케르 등 화려한 이름들이 대거 선발 출전했다.

경기는 역시 쉽지 않았다. 전반 9분 헤난 로디의 크로스를 파케타가 머리로 해결해 브라질이 선제골을 뽑았다. 전반 36분에는 쿠티뉴가 그림같은 프리킥으로 추가골을 만들었다. 조현우가 손도 쓰지 못할 궤적이었다. 후반 14분 측면 크로스를 받은 다닐루가 강력한 논스톱 슈팅으로 쐐기골을 기록했다. 어려운 상황에도 한국은 포기하지 않고 계속해 공격을 시도하며 브라질 골문을 노렸다. 아쉽게도 한국의 만회골은 나오지 않았고 경기는 브라질의 3-0 완승으로 끝났다. 패배 속에서도 벤투호는 인상적 모습을 보여줬다. 끌려가는 상황에서도 뒤로 물러나지 않았다. 벤투 감독은 손흥민을 공격적으로 배치하며 수비 부담을 줄였다. 강팀을 상대로도 고유의 색깔을 보여주려는 시도였다. 황희찬도 저돌적 돌파로 브라질 수비를 흔들었으나 득점까지는 이르지 못했다. 한국은 슈팅 13개, 유효슈팅 5개를 기록했다. 브라질은 슈팅 16개, 유효슈팅 4개였다. 이번 경기는 아시안컵 8강 카타르전 이후 벤투 감독의 두 번째 패배이자 첫 3실점 패배였다. 하지만 선수들은 이 경기에 만족했다. 황희찬은 "부족했던 부분이 있었지만 긍정적 부분도 많았다"고 말했고, 손흥민은 "브라질이라는 팀과 경기를 할 기회는 많지 않다. 선수들이 '브라질과 해서 졌다'가 아니라 많은 걸 배우고 현실적으로 느끼는 게 많았으면 좋겠다"고 말했다.

06

바이러스가 세상을 뒤집어도
공은 구른다

2020년 새해 시작과 함께 전 세계는 충격에 빠졌다. 코로나19로 불리는 전염병이 전 세계로 버서 수많은 목숨을 앗아갔다. 전 지구적 재난이었다. 인류의 모든 부분에 영향을 준 지독한 전염병은 축구계에도 치명타를 안겼다. 유럽 5대 리그를 비롯해 모든 프로축구리그가 멈췄다. 2020년 도쿄 하계올림픽, 유럽축구연맹(UEFA) 유로 2020 등 주요 스포츠이벤트가 줄줄이 연기됐다. 코로나19는 일상을 완전히 바꿨다. 사람들은 언제 어디서나 마스크를 쓰고, 외출을 삼가야 했다. 사적 모임은 4인 이하로 제한되었다. 식당도 저녁 9시 영업 제한에 걸렸다. 재난영화에서나 보던 모습이 우리의 일상이 돼 있었다. 팬데믹 시대, 뉴 노멀(New Normal)의 시작이었다.

벤투호 vs 김학범호

매일 확진자 및 사망자 소식이 전해지는 상황에서 축구는 사치였다. 3월로 예
정된 2022년 카타르 월드컵 아시아 2차 예선 경기들은 6월로 미뤄졌다. 사실
6월 진행도 확신할 수 없었다. 2020년 달력에서는 대표팀 축구가 거의 삭제되
었다. 암울한 상황에도 벤투호는 미래를 바라봤다. 고민이 낳은 결과가 U23대
표팀(올림픽)과 만나는 이벤트매치였다. 대한축구협회는 9월 A매치 기간 A대표
팀과 U23대표팀이 맞붙는 스페셜매치를 발표했다. 축구에 목말랐던 팬들은
특별한 만남을 환영했다.

제약은 있었다. 외국에서 입국시 자가격리 2주 규정이 있어 국내파로만 명단
이 꾸려졌다. 달리 보면 벤투호가 새로운 얼굴을 발굴할 수 있다는 의미였다. A
대표팀과 U23대표팀에 겹치는 인원을 두고 발탁 경쟁이 있었다. 협회에서는
벤투호가 김학범호에서 발탁하는 선수 숫자를 3명 이하로 중재했다. 여기서
뽑힌 선수가 원두재, 이동경, 이동준이었다. 그렇게 10월 9일 고양 종합운동장
에서 벤투호와 김학범호의 첫 번째 맞대결이 펼쳐졌다. 아쉽게도 경기는 무관
중으로 진행됐다.

24년 만에 열린 두 팀의 맞대결 1차전에서 벤투 감독은 4-1-4-1 포메이션을
실험했다. 전방에 김지현이 섰고 2선에 이동경, 한승규, 이영재, 나상호, 수비형
미드필더에는 손준호, 포백은 이주용, 권경원, 원두재, 김태환, 골문은 조현우
가 지켰다. 가장 생소한 라인업이었다. 경기는 생각보다 치열했다. 전반 14분
이주용의 골로 앞섰지만 후반 6분 송민규에게 동점골을 허용했다. U23대표팀
은 권경원의 자책골로 역전에 성공했다. 패배 직전까지 갔던 벤투호는 교체로
들어온 이정협의 동점골(후반 44분)에 힘입어 2-2로 비겼다. 2차전에서는 수용
인원의 30%까지 관중 입장이 허용됐다. 경기는 예상과 달리 일방적이었다. 벤
투호는 이동경(후반 10분), 이주용(후반 43분), 이영재(후반 45분)의 골로 손쉬운 승리
를 거뒀다. 오랜만에 열린 A대표팀 경기로 얼어붙었던 한국 축구는 조금이나
마 온기를 느낄 수 있었다.

유럽 원정 그리고 코로나19 집단 감염

A매치를 치르지 못했던 벤투호에 드디어 새로운 일정이 잡혔다. 유럽 원정이
었다. 당시 유럽도 코로나19 상황이 심각했기에 협회는 감염을 우려해 오스트
리아 빈에서만 두 경기를 치르기로 했다. 상대는 수준급인 멕시코와 카타르였
다. 멕시코는 2018년 러시아 월드컵 조별리그에서 한국에 쓰라린 패배를 안겼
고, 카타르는 2019년 UAE 아시안컵 8강에서 한국을 1-0으로 꺾었다. 각국의
방역 지침 탓에 3국 모두 모든 선수를 발탁하지 못했다. 일본과 중국에서 뛰는

선수들도 합류하지 못했다. 김승규, 김영권, 김민재, 박지수 등 대표팀 수비의 핵심 자원 없이 벤투호는 두 경기를 준비했다. 첫 경기를 치르는 과정도 험난했다. 주전 레프트백 김진수가 코로나19 확진 판정을 받았고, 백업 홍철까지 다쳤다. 끝이 아니었다. 권창훈, 이동준, 조현우, 황인범이 코칭스태프 한 명과 함께 코로나19 확진 판정을 받은 것이다. 하루 뒤 김문환과 나상호까지 확진자 명단에 포함되었다. 최악의 상황이었다. 벤투호는 호텔 한 층을 모두 빌려 외부 인원과 접촉을 최소화했지만 공기 중에 떠다니는 바이러스를 원천 차단하기란 불가능에 가까웠다. 당시 오스트리아는 일일 확진자 수가 9천 명을 넘던 때였다. 경기 개최 자체가 불투명했다.

천신만고 끝에 경기가 예정대로 진행됐다. 벤투 감독은 경기를 출전 가능한 19명만으로 경기를 치렀다. 3-4-3 포메이션으로 선수들을 배치했다. 전방에 손흥민, 황의조, 이재성을 뒀고 좌우 윙백으로 이주용과 김태환, 중원에는 주세종과 손준호, 스리백은 권경원, 정우영, 원두재, 골문은 구성윤의 몫이었다. 한국이 먼저 골을 터트렸다. 전반 20분 황의조가 손흥민의 크로스를 간결하게 마무리했다. 주전급이 대거 빠지자 벤투호 수비는 후반 중반부터 와르르 무너졌다. 후반 22분 라울 히메네스, 24분 우리엘 안투나, 25분 카를로스 살세도에게 5분 만에 3골을 내줬다. 한국은 후반 종료 직전 권경원이 한 골을 만회하는 데에 그쳐 2-3으로 패했다. 플랜A의 중요성이 강조된 경기였다. 주요 포지션에서 주전급이 대거 빠진 벤투호는 힘을 내지 못했다. 특히 주전이 한 명도 없었던 수비진에서는 안정감을 찾아보기 어려웠다. 공격은 나쁘지 않았다. 주전들이 모두 경기에 나섰

고 교체로 들어온 이강인도 날카로운 패스로 존재감을 뿜냈다.

이틀 뒤에는 카타르전이 진행되었다. 벤투호에 첫 패배를 안긴 팀이었다. 다행히 코로나19 추가 확진자는 없었다. 스태프 한 명이 확진 판정을 받았으나 양성 반응을 보인 선수가 없어 카타르전은 무탈하게 진행됐다. 벤투 감독은 4-1-4-1 포메이션을 구사했다. 황의조를 최전방에 세웠고 2선에 손흥민, 남태희, 이재성, 황희찬, 3선에 정우영이 배치됐다. 최종 수비 라인은 윤종규, 원두재, 권경원, 김태환으로 역시 생소한 라인업이었다. 카타르는 아시안컵 우승 멤버가 대부분 선발 출전했다. 경기 시작과 함께 한국이 선제골을 터뜨렸다. 전반 1분 수비 실수를 놓치지 않은 황의조가 패스를 전달했고 황희찬이 가볍게 골로 연결했다. 16초 만에 터진 이 골은 한국 축구 역사상 A매치 최단 시간 득점으로 기록되었다. 전반 9분 아시안컵 득점왕 알모에즈 알리가 골을 터뜨리며 경기를 원점으로 돌렸다. 이번에는 첫 골을 도운 황의조가 직접 골망을 흔들었다. 전반 36분 손흥민의 크로스를 황의조가 스코어를 2-1로 만들었다. 이후 팽팽한 경기는 추가 득점 없이 벤투호의 2-1 승리로 종료되었다. 한국은 이번 승리로 A매치 통산 500승 고지에 올랐다. 이번 경기도 수비가 문제였다. 이겼어도 수비가 불안했다. 수비형 미드필더 정우영이 내려오면서 조금 안정감을 찾았지만 주전들의 중요성이 재확인되었다.

일정 종료 후 귀국길도 큰 문제였다. 생각보다 많은 인원(8명)이 코로나19에 감염되었기 때문이다. 정부는 오스트리아에 에어앰뷸런스를 보내 코로나19 확진자들을 귀국시켰다. 손흥민은 토트넘 홋스퍼에서 제공한 전세기

편으로 런던으로 돌아갔다. 그러는 사이 또 다시 확진자가 발생했다. 카타르전 후 PCR 검사에서 황희찬과 스태프 1명이 확진 판정을 받았다. 확진자들은 귀국 후 자택이나 파주트레이닝센터에서 자가격리를 해야 했다. 벤투 감독을 비롯해 일부 코칭스태프들은 포르투갈로 돌아가 휴식 및 유럽파 점검에 나섰다. 코로나 시대에 접어든 후 처음으로 치른 A매치에서 벤투호는 많은 경험을 했다. 주전급들이 빠진 자리를 다른 자원으로 대체했고, 준비 기간 중 확진자가 다수 발생하며 선수 운영 계획을 급히 수정하기도 했다. 벤투호는 전례 없는 A매치 환경에서 단단한 팀이 되어 갔다.

요코하마 참사, 역대 최악의 한일전

2021년 3월 한일전이 성사됐다. 10년 만에 열리는 A매치 한일전이었다. 사실 이런 상황에서 한일전은 양국에 큰 부담으로 작용할 수 있었다. 불가피한 환경 속에서 성사되긴 했지만, 여전히 한일전은 한일전이기 때문이다. 경기 결과가 모든 부분에 큰 영향을 미친다. 형편없는 내용으로 패하면 감독의 거취까지 흔들릴 수 있다. 하지만 코로나19 팬데믹 속에서 한일전은 두 팀 모두에 필요한 매치업이었다. 오스트리아 원정 2연전에서 집단 감염을 경험한 한국은 거리도 가깝고 상대적으로 방역 상태도 좋았던 일본 원정을 결정했다. 문제는 선수 소집 및 격리였다. K리그 선수들은 파주NFC에서 일주일 코호트 격리를 하기로 정부와 협의를 마쳤지만 해외파들의 차출은 현실적으로 어려웠다. 당시 FIFA는 자가격리 기간이 5일 이상 필요한 경우 소속 클럽의 차출 거부권을 허용했다. 2주 자가격리가 필수인 한국에서는 해외파 차출이 사실상 불가능했다. 결국 황의조(지롱댕 드 보르도)와 황희찬(라이프치히)의 차출이 거부되었다. 손준호(산둥 루닝)와 김민재(베이징 궈안)도 소속 클럽의 반대에 부딪혔다. 주장 손흥민은 햄스트링 부상이 발생해 애초에 차출이 어려웠다.

일본은 한국과 달리 최정예 자원을 발탁했다. 주장 요시다 마야를 비롯해 미나미노 타쿠미, 도미야스 타케히로, 가마다 다이치, 이토 준야, 아사노 타쿠마 등 핵심들이 소집명단에 이름을 올렸다. 2020년(2021년으로 연기) 도쿄 올림픽 개최를 앞둔 일본은 코로나19 상황에서 열리는 한일전에서 완벽한 내용과 결과를 모두 잡겠다는 심산이었다. 요코하마 닛산스타디움에서 한일전이 시작되었다. 벤투 감독은 3-4-3 포메이션을 가동했다. 흥미로운 점은 이강인을 최전방에 배치하는 전술을 선택했다는 것이다. 측면에 있는 나상호와 이동준의 속도를

어제(25일) 열린 대표팀 한일전 패배에 실망하신 축구팬, 축구인, 국민 여러분께
축구협회장으로서 매우 송구스럽게 생각합니다. 협회는 월드컵 예선을 앞두고
대표팀 전력을 다질 수 있는 유일한 기회라고 판단해 한일전이란 부담감에도 불구하고
이번 경기를 추진했습니다. 어려운 상황에서 방역에 최선을 다해 경기를 무사히 치렀지만
부족한 경기력으로 큰 심려를 끼쳐드린 점에 대해 심심한 사과의 말씀을 드립니다.
이번 패배에 대해 벤투 감독에게만 비난이 쏠리는 것은 온당치 않다고 생각합니다.
특히, 최상의 상태로 경기를 치르도록 완벽하게 지원하지 못한 축구협회의 책임이 더욱 큽니다.
이번 일을 거울삼아 더 적극적으로 지원하겠습니다.
구단과 지도자 등 현장의 목소리에 더 귀 기울이며 대화하겠습니다.
문제의 원인을 정확히 파악하여 6월부터 시작될 월드컵 예선에서는 축구팬과 국민 여러분에게
새롭게 달라진 대표팀, 기쁨과 희망을 주는 대표팀이 될 수 있도록 만전을 기하겠습니다.
다시 한번 진심으로 사과의 말씀을 드립니다.

2021년 3월 26일, 대한축구협회회장 정몽규

국민 / 여러분께 / 드리는 / 글

이용해 일본의 뒷공간을 노리는 계획이었다. 경기는 예상과 달리 흘러갔다. 전반 15분 만에 A매치 데뷔전을 치르는 야마네 미키에게 선제골을 내줬다. 전반 26분 가마다 다이치에게 추가골까지 허용했다. 전반전 내내 한국은 슈팅 시도 1개에 그칠 정도로 부진했다. 유효 슈팅은 아예 없었다. 내용과 결과 모두 최악이었다. 벤투 감독은 후반 시작과 함께 조현우, 나상호, 이강인을 빼고 김승규, 정우영, 이정협을 투입했다. 상황은 뒤집히지 않았다. 후반 37분 엔도 와타루에게 쐐기골까지 얻어맞은 한국은 0-3 완패로 경기를 마쳤다. 요코하마 참사였다.

참사 수준의 한일전 완패로 국내 여론이 폭발했다. 많은 축구 팬이 벤투 감독의 지도력에 의문을 제기했다. 축구 전문가들은 벤투 감독의 의도가 보이지 않는 전술을 비판했다. 실제로 이번 한일전에서 벤투 감독의 능동적 축구는 전혀 찾아볼 수 없었다. 공격과 수비 사이의 공간이 멀어 다급한 롱볼 시도만 반복되었다. 벤투 감독이 한일전의 특수성을 지나치게 무시했다는 의견이 대세였다. 경기 후 벤투 감독도 고개를 숙였다. 벤투 감독은 "오늘은 원하는 경기를 전혀 하지 못했고 많은 실수가 나왔다. 특히 위험 지역에서 공을 빼앗기는 모습이 자주 나왔다. 실점 상황을 자주 맞이했고 후반에는 우리가 더 적극적으로 나갔지만 일본이 앞선 경기력을 보였다. 오늘 패배에 관해서는 변명의 여지가 없었다. 완벽한 패배였다"라고 자평했다. 한일전 수락 배경에 관해서도 의견을 밝혔다. 벤투 감독은 "좋은 경기가 될 것이라고 생각해 수락했다. 그때해도 많은 준비와 생각을 하고 있었다. 하지만 어려운 부분이 있었다. 한일전의 의미를 잘 알고 잘 준비했지만 오늘은 일본이 더 잘했다. 더 나은 상대를 만났기 때문에 일본이 승리를 가져갔다. 일본에 축하의 말을 전하고 싶다. 일본은 이길 만한 자격이 있었다"라고 밝혔다.

매너에서도 완패했기에 여론이 나빠졌다. 경기 중 이동준은 볼과 상관없는 상황에서 도미야스 타케히로의 얼굴을 가격했다. 이동준이 휘두른 팔꿈치에 입 부위를 맞은 도미야스 타케히로는 피를 흘리며 이가 부러지고 말았다. 여기에 김태환은 신경질적 플레이로 상대 유니폼을 잡아당기거나 무리한 반칙을 범했다. 한일전이라는 특수성을 잘 아는 한국 축구 팬들조차 공감하기 어려운 장면이었다. 경기 후 도미야스는 "팔꿈치에 맞아 치아가 부러졌다. 반 정도 부러진 앞니는 응급 처치를 통해 외형상 괜찮아졌다. 이런 일은 경기 중에 충분히 일어날 수 있다. 그 선수(이동준)가 고의로 한 일이라고는 생각하지 않는다. 사과 메시지도 받았다"라며 대인배다운 모습을 보여줬다. 매너까지 완패한 순간이었다. 불예측성이 다분한 상황에서 한일전 제안을 수용한 대한축구협회도 비판을 피할 수 없었다. 정몽규 대한축구협회장의 사과문이 발표된 후 요코하마 참사의 후폭풍은 조금씩 가라앉았다.

OLYMPIC

대한민국 올림픽 축구 역대 성적

최종 성적		감독	주요 선수
조별리그(3무)	········	**김삼락**	**신태용, 서정원, 이임생, 이운재**
조별리구(1승 1무 1패)	········	**아나톨리 비쇼베츠**	**황선홍, 하석주, 최용수, 윤정환**
조별리그(2승 1패)	········	**허정무**	**박지성, 이동국, 이영표, 이천수**
8강(1승 2무 1패)	········	**김호곤**	**조재진, 김정우, 최태욱, 김두현**
조별리그(1승 1무 1패)	········	**박성화**	**이근호, 기성용, 이청용, 박주영**
동메달(2승3무1패)	········	**홍명보**	**구자철, 기성용, 지동원, 박주영**
8강(2승1무1패)	········	**신태용**	**손흥민, 황희찬, 권창훈, 장현수**
8강(2승2패)	········	**김학범**	**황의조, 이강인, 권창훈, 이동준**

07

중동 모래바람 속으로 뛰어들다

2021년 7월 1일 오후 4시, 말레이시아 쿠알라룸푸르 아시아축구연맹(AFC) 본부에서 2022년 카타르 월드컵 아시아 최종예선 조 추첨식이 열렸다. 결과는 놀라웠다. 대한민국이 이란, 아랍에미리트, 이라크, 시리아 그리고 레바논과 함께 A조에 떨어졌다. 한국을 제외한 5개 팀이 전부 중동 국가들이었다. 이란을 제외하면 객관적 전력에서 한국보다 앞서는 팀은 없지만 중동 원정은 늘 고단하다. 사막의 건조하고 뜨거운 날씨, 소위 '침대 축구'는 중요한 고비마다 한국의 발목을 잡았다. 벤투호가 카타르에 가려면 이 모래 바람을 뚫어야 했다. 긍정적 시선도 존재했다. 월드컵이 열리는 카타르의 기후를 미리 적응할 수 있고, 일본과 사우디아라비아를 피했다는 점이었다.

벤투 감독도 이런 난관을 예상했다. 그는 "지역 특성에 관해 말하기 앞서 기술적, 전술적 측면에서 A조는 어려운 조다. 대등한 능력을 갖춘 팀들이 포진했다. 물론 각 팀의 경기 스타일은 다르다. 매 경기 다른 경기 진행이 있을 것이다. 1번 시드 이란은 2014년, 2018년 조 1위로 예선을 통과했다. 기술과 피지컬 모두 좋다. 상당히 신경 쓰고 있다. 레바논은 자주 상대해본 팀이지만 최종예선에서 어떤 모습을 보여줄지를 살피는 중이다. 이라크와 시리아는 기술이 좋은 선수들이 있고 피지컬을 바탕으로 거칠고 힘 있는 축구를 구사한다. UAE는 조금 다른 스타일이다. 네덜란드 감독이 있어서 그런지 볼 점유로 경기를 지배하는 네덜란드식 축구를 한다. 모든 팀 분석을 더 면밀히 해야 한다. 우리도 상대가 해결하기 어려운 문제를 준비할 수 있도록 잘 대비하겠다"고 말했다.

'침대 축구'에 관한 우려에도 답변했다. 벤투 감독은 "침대 축구를 극복할 수 있는 건 우리 스스로 좋은 경기를 하는 것이다. 우리는 스스로 통제할 수 있는 변수에만 집중해야 한다. 통제할 수 없는 부분에 집중하고 시간을 낭비하는 건 바람직하지 않다. 우리 스스로 좋은 경기를 펼칠 수 있도록 고민하겠다. 지금까지 걸어온 과정에 대한 강한 믿음을 바탕으로 최종예선에 집중하겠다. 시간 끌기나 '침대 축구'는 2차 예선에서 경험했다. 우리는 우리에게만 집중해서 좋은 경기를 하겠다"라고 단호히 말했다. 벤투 감독의 성격과 스타일을 알 수 있는 답변이다. 벤투 감독은 상대보다 자신의 팀을 더 신경쓰는 지도자다. 우리가 잘하는 것을 한다면 어떤 상대도 이길 수 있다는 믿음이 있었다. 카타르를 향한 벤투호의 마지막 여정이 시작되었다.

불안한 출발, 늘어가는 물음표

벤투호의 2022년 카타르 월드컵 최종예선 첫 경기 상대는 이라크였다. 홈에서 열리는 첫 경기, 벤투호는 기분 좋은 출발을 기대했다. 벤투 감독은 4-1-4-1 포메이션으로 최전방에 황의조, 2선에 송민규, 이재성, 황인범, 손흥민을 배치했다. 3선에는 코로나19 확진자와 밀접접촉자로 분류된 정우영 대신 손준호가 나왔다. 백4 라인은 김문환, 김민재, 김영권, 홍철, 그리고 골문은 김승규가 지켰다. 경기는 한국이 주도권을 잡고 일방적으로 공격했지만, 결정력 면에서 문제를 드러냈다. 변화의 필요성을 느낀 벤투 감독은 손준호를 빼고 남태희를 투입하며 더욱 공격적으로 전환했다. 후반 12분에는 송민규를 빼고 황희찬까지 투입했다. 그래도 경기는 달라지지 않았다. 슈팅 15:2에도 경기는 0-0 무승부로

끝났다. 홈 무승부는 패배와 같았다. 경기 후 벤투 감독은 "수비는 전반적으로 경기를 잘 운영했고 공격은 기회가 많았지만 좋은 결과를 만들지 못했다. 내세울 만한 결과가 아니다. 계획대로 실행되지 않은 부분이 있다. 원하는 대로 경기를 풀어나가지 못했을 때 책임은 감독에게 있다"라며 자책했다.

닷새 뒤 수원 월드컵 경기장에서 2차전 레바논전이 열렸다. 원래 일정대로면 벤투호는 레바논 원정을 떠나야 하지만 레바논 측이 경기 준비 미비를 호소했고, 대한축구협회의 요청으로 홈-원정 순서가 바뀐 결과였다. 레바논전은 시작부터 불안했다. 손흥민이 훈련 중 종아리를 다쳤다. 심각한 부상은 아니라도 선수 보호 차원에서 벤투호는 손흥민의 기용을 포기했다. 여기에 남태희는 햄스트링 부상, 박지수는 코로나19 확진자 밀접접촉으로 전력에서 이탈했다. 벤투 감독은 새로운 카드를 꺼낼 수밖에 없었다. 4-3-3 포메이션을 기본 틀로서 최전방에 황희찬, 조규성, 나상호가 배치됐다. 이번에도 골은 쉽게 나오지 않았다. 결정적 기회가 적었고 상대 골키퍼 모스타파 마타르가 선방을 연발했다. 시간이 지나자 레바논 선수들은 작은 충돌에도 바닥에 눕기 시작했다. 침대 다리를 부러트릴 방법은 선제골밖에 없었다. 다급했던 한국은 후반 14분 마침내 최종예선 첫 골을 넣었다. 교체로 들어온 권창훈이 황희찬의 낮은 크로스를 논스톱 슈팅으로 마무리했다. 한국이 앞서자 레바논 선수들이 일어나 뛰기 시작했다. 한국은 침착하게 리드를 지켜 승점 3점을 얻었다. 핵심 선수인 손흥민의 공백이 느껴지는 내용이었다. 2경기 1승 1무 그리고 1골. 벤투호에 점점 물음표가 붙기 시작했다.

한달 뒤 안산 와~스타디움에서 3차전이 열렸다. 상대는 복병 시리아였다. 지옥의 아자디 스타디움에서 열리는 이란 원정을 앞둔 경기였기에 승리로 좋은 분위기를 만들어야 했다. 벤투 감독은 황의조를 최전방에 두고, 손흥민을 바로 밑에 프리롤로 두는 전술을 택했다. 손흥민에게 더 많은 자유를 준 셈이다. 시작은 좋았다. 후반 3분 황인범이 기막힌 왼발 중거리 슈팅으로 선제골을 터뜨렸다. 득점 후 한국은 봄을 점유하며 경기를 유리하게 끌고 갔다. 많은 추가 기회는 득점으로 연결되지 않았다. 황희찬의 슈팅은 계속 골문을 빗나갔다. 손흥민의 슈팅도 부정확했다. 기회를 살리지 못하자 위기가 닥쳤다. 후반 37분 시리아의 오마르 카르빈이 완벽한 터닝슈팅으로 승부를 원점으로 돌렸다. 예상치 못한 실점에 선수들은 고개를 떨궜다. 현장 중계진은 "심각하다. 감독의 거취에 대해서도 말이 나올 수 있는 결과"라며 벤투호의 부진한 경기력을 맹비난했다. 다행히 한국은 포기하지 않았다. 후반 43분 프리킥 상황에서 김민재의

헤더 패스를 받은 손흥민이 극적 결승골을 터뜨렸다. 손흥민의 국가대표팀 필드골은 무려 2년 만이었다. 2-1 승리에도 답답한 경기력에 여론은 싸늘했다. 능동적 축구라고 했지만 과정이 희미했다. 경기 중 벤투 감독은 상대 변화에 대응하지 못했고, 지나치게 여유를 부리다가 동점골까지 내줬다. 교체카드 활용도 많은 비판을 불렀다. 5명을 바꿀 수 있는 상황에서도 벤투 감독은 실점이 나올 때까지 2명밖에 교체하지 않았기 때문이다. 팬들의 불만은 벤투 감독의 플랜B 문제까지 이어졌다. 답답한 상황을 뒤집는 임기응변이 부족했기 때문이다. 벤투호는 승

리에도 불안한 분위기 속에서 이란 원정을 떠났다.

벤투호의 최종예선 첫 원정 경기 장소는 이란이었다. 지옥의 아자디 스타디움이었다. 한국은 아자디 스타디움에서 열린 A매치에서 기록한 마지막 승리가 1974년 테헤란 아시안게임이었다. 그 이후 7전 2무 5패로 승리가 없었다. 마지막 득점조차 12년 전인 2009년 나온 박지성의 골이었다. 이란은 여러모로 한국 축구에 껄끄러운 라이벌이었다. 한국은 2011년 아시안컵 이래 이란을 꺾지 못했다. 최근 3경기에서는 내리 0-1로 패했다. 장소와 상대

모두 한국에 불리했다. 벤투 감독은 최정예 라인업을 꺼냈다. 4-3-3 포메이션으로 손흥민, 황의조, 황희찬을 전방에 두고 이재성, 황인범, 정우영이 중원에 배치했다. 최후방 수비진은 이용, 김민재, 김영권, 홍철이었다. 김승규가 변함없이 골문을 지켰다. 예상과 달리 한국은 선제골을 터트렸다. 후반 3분 이재성의 완벽한 패스를 받은 손흥민이 반 박자 빠른 슛으로 희망을 쐈다. 1977년 이영무 이후 무려 44년 만에 나온 아자디 원정 선제골이었다. 실점을 허용한 이란은 총공세를 펼쳤다. 재차 벤투 감독의 아쉬운 점이 드러났다. 후반 25분 홍철을 김진수로 바꿀 때까지 벤투 감독은 교체카드를 활용하지 않았다. 선수들의 체력이 떨어지는 것이 눈에 보였지만 벤투 감독은 교체를 사용하지 않았다. 결국 후반 31분 사르다르 아즈문의 패스를 알리레자 자한바크시가 골로 연결해 홈팀 이란이 1-1 동점을 만들었다. 1분 뒤에는 메흐디 타레미의 슛이 골대를 때리는 아찔한 순간도 있었다. 그제야 벤투 감독은 황의조, 이재성을 빼고 나상호, 이동경을 투입했다. 때는 이미 늦었다. 벤투호는 분위기를 완전히 내준 상태로 이란의 맹공을 간신히 버텨 무승부로 막았다. 12년 만에 이란 원정 무승부였기에 결과는 나무랄 데가 없었다. 최대 라이벌 원정에서 승점은 소중했다. 하지만 손흥민의 선제골을 목격한 언론과 팬들은 승점 1점을 얻었다기보다 2점을 잃었다는 기분이 컸다.

이란 원정을 넘긴 벤투호는 이후 순항을 이어갔다. 고양 종합 운동장에서 열린 UAE전에서 벤투 감독은 부상으로 이탈한 황의조를 대신해 조규성을 최전방에 세웠다. 흐름도 좋았다. 전반 36분 황희찬의 페널티킥 득점이 그대로 결승골로 굳어 1-0 승리로 마무리되었다. 이 경기는 '위드코로나'와 함께 151일 만에 유관중 경기로 진행되었다. 벤투호는 3만 관중에게 승리를 선물했다. 바로 이어진 이라크전에서도 벤투 감독은 미소를 지었다. 이라크 내전 문제로 경기는 월드컵의 땅 카타르 도하에서 열렸다. 이번 경기에서도 벤투 감독은 조규성을 선발로 세웠다. 새롭게 대표팀에 합류한 김건희가 있었지만 벤투 감독은 조규성을 향한 신뢰를 조금씩 쌓고 있었다. 선수도 이에 보답했다. 후반 29분 조규성은 상대 수비수 알리 아드난의 반칙에 넘어져 페널티킥을 얻어냈다. 손흥민이 이를 해결했고, 이재성(전반 33분)과 정우영(후반 24분)의 골로 벤투호는 3-0 완승을 거뒀다. 벤투호의 공격은 매끄러웠다. 조규성이 활발한 움직임과 뛰어난 제공권 능력을 보여줘 측면에 있는 손흥민과 황희찬이 많은 공격 찬스를 얻었다. 주전 공격수 황의조와는 다른 공격 옵션이었다. 벤투호는 무려 9년 만에 최종예선 원정 승리를 거두며 2021년을 기분 좋게 마무리했다.

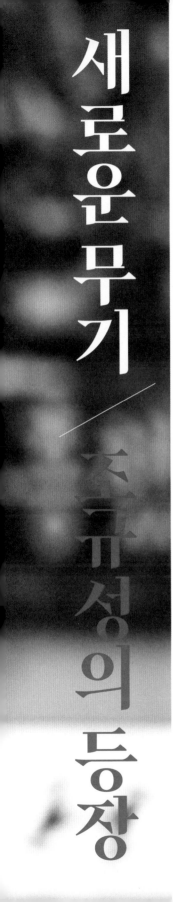

새로운 무기 / 조규성의 등장

2021년 8월 23일 오전 10시 30분 축구회관, 파울루 벤투 감독은 2022 카타르 월드컵 최종예선 1, 2차전을 치를 소집 명단을 발표했다. 본격적인 출발이었다. 생소한 이름이 있었다. 바로 김천 상무 공격수 조규성이었다. 당시 김천 상무는 K리그2(2부 리그) 소속이었다. 조규성이 좋은 활약을 하고 있었지만 많은 언론에서는 K리그1에서 득점왕을 경쟁하는 주민규(제주 유나이티드)가 벤투 감독의 선택을 받을 가능성을 점쳤다. 하지만 벤투 감독의 생각은 달랐다. 조규성은 벤투호의 붙박이 공격수 황의조의 백업 역할을 수행하며 생애 첫 대표팀 승선에 성공했다. 조규성 본인도 벤투호 합류를 예상하지 못했다. 국가대표 명단 발표가 있는 줄도 몰랐던 조규성은 갑자기 쏟아진 문자와 SNS 축하 메시지를 본 후에야 자신의 선발 사실을 인지했다.

기회는 생각보다 일찍 찾아왔다. 최종예선 2차전 레바논전 선발명단에 조규성의 이름이 있었다. 손흥민이 부상으로 빠지자 벤투 감독은 황의조 대신 조규성을 최전방에 배치했다. 조규성은 활발한 움직임으로 수비진을 흔들었고 압박했다. 이후 조규성은 후반 시작과 함께 황의조와 교체됐다. 득점이나 도움은 없었지만 합격점을 받았다. 조규성은 2021년 10월과 11월 A매치 명단에도 포함됐다. 11월에는 주전 공격수 황의조가 부상으로 이탈해 조규성의 어깨가 무거웠다. 조규성은 UAE전에 선발로 나서 폭넓은 활동 영역, 강한 압박, 골대를 때린 위협적 슛까지 벤투 감독의 기대를 모두 충족시켰다. 경기 후 벤투 감독의 평가도 좋았다.

조규성은 매우 좋은 경기력을 보여줬다.
경기에서 승리하면 감독의 선택이 옳았다는 뜻이다.
앞으로 해당 포지션에서 중요한 부분을
가르칠 예정이다. 좋은 특징이 있고,
몇 가지 발전해야 할 부분도 있다.

조규성의 상승세는 계속됐다. 최종예선 6차전 이라크전에서는 대표팀 합류 후 처음으로 풀타임을 소화했고 페널티킥까지 이끄는 활약을 보여줬다. 2022년 1월에 열린 유럽 원정 평가전에서는 데뷔골까지 터뜨렸다. 아이슬란드전에서 김진규의 패스를 받아 정확한 마무리로 골망을 흔들었다. 새로운 스타의 등장이었다. 이후 조규성은 계속 벤투 감독의 선택을 받았다. 폼이 점점 떨어지는 황의조와 다른 공격 옵션을 제공하는 조규성은 어느새 대표팀에 꼭 필요한 자원으로 자리매김했다. 최종예선 7차전 레바논전에서는 황의조와 투톱으로 나섰는데 황의조의 패스를 득점으로 마무리했다. 조규성은 6월 4연전, 9월 A매치에서도 차출돼 벤투 감독에게 인정을 받았고, 동아시안컵을 거쳐 꿈의 무대 2022년 카타르 월드컵 최종명단에 포함되었다. 대표팀 첫 발탁에서 월드컵 출전까지 약 1년 3개월 사이 일어난 조규성의 신데렐라 스토리는 한국인 최초 월드컵 한 경기 2골이라는 신기록과 함께 완성되었다.

08

대한민국이 10회 연속 월드컵에 진출합니다!

2022년의 태양이 붉게 떠오르며 월드컵의 해가 시작됐다. 이미 월드컵 진출 여부가 결정되어 조 추첨까지 끝났을 시점이었다. 카타르 월드컵은 달랐다. 코로나19 팬데믹에 사상 첫 겨울 개최라는 변수가 겹치면서 월드컵 관련 모든 일정이 지체되었다. 당장 1월부터 아시아 최종예선 7차전 레바논 원정이 있었다. 이 경기에서 승리하면 한국은 월드컵 10회 연속 진출 과정에서 9부 능선을 넘는다고 할 수 있었다. 그런데 주장 손흥민과 핵심 공격수 황희찬의 차출이 불가능했다. 부상이었다. 벤투 감독은 플랜A가 흔들리는 상황에서 중요한 경기를 준비해야 했다. 과정도 험난했다. 튀르키예 안탈리아에서 벤투호는 다양한 선수들을 체크하며 훈련을 진행한 뒤에 이스탄불 공항을 통해 레바논으로 가는 여정을 짰다. 그런데 기록적 폭설로 공항이 폐쇄되었다. 천만다행 사비하괵첸 국제 공항에서 대체 항공편을 찾아 튀르키예를 떠날 수 있었다.

천신만고 끝에 도착한 레바논의 경기장 상태는 최악이었다. 레바논의 수도 베이루트에서 40km 남쪽에 위치한 시돈의 사이다무니시팔 스타디움의 그라운드는 논두렁에 가까웠다. 경기장 잔디를 확인한 정우영은 "어떻게 이런 경기장에서 월드컵 예선을 치를 수 있는지 의문이다"라며 혀를 내둘렀다. 다양한 경기장을 경험한 김민재도 "여기는 지뢰밭"이라고 표현했다.

물론 경기는 피할 수 없었다. 벤투 감독은 손흥민의 공백을 메우기 위해 4-4-2 포메이션으로 최전방에 황의조와 조규성을 세웠다. 파격적 선택은 성공으로 이어졌다. 전반 추가시간 황의조의 크로스를 조규성이 해결하며 리드를 잡았다. 실점을 허용한 레바논은 거칠게 나왔지만 벤투호가 단단하게 버텨 승점 3점 확보에 성공했다. 승점 3점을 추가한 벤투호 앞에 월드컵 본선행 티켓이 다가왔다. 참고로 이 경기에서 벤투 감독은 교체를 한 명도 사용하지 않았다. 한국이 A매치에서 교체 카드를 사용하지 않은 것은 2006년 10월 11일 시리아전(핌 베어벡 감독) 이후 15년 3개월 만이었다. 경기장 환경이 열악한 데다 한 골 차이로 앞선 상황이었다는 점이 변화를 주지 않은 판단 배경으로 추정된다. 이 선택으로 주전들은 체력 부담을 안은 상태로 다음 경기를 준비해야 했다. 레바논 원정에서 소중한 승리를 거두며 5승 2무로 무패행진을 달리는 벤투호는 시리아전이 열리는 UAE 두바이로 떠났다. 이 경기 역시 시리아의 어려운 현지 상황이 낳은 결과였다.

중동 원정답게 끝까지 쉽게 가지 않았다. 두바이 공항에서 실시한 PCR 검사에서 홍철이

"

나는 여러분을 선수로 보기 전에 한 사람으로 봐야 한다고 생각한다.

알겠지만 이동준이 독일에 가서 프로 계약을 할 수 있도록 두 번의 훈련 불참을 허락했다.

이 상황과 관련해 여러분들과 상의했어야 했다.

먼저 내 실수였다는 걸 말하고 싶다.

하지만 내 결정이 명확했기 때문에 말을 하지 못했다.

또 다른 상황인 이동경은 곧 독일로 갈 것이고 경기일 돌아올 예정이다.

물론 이동경에게 경기 출전이 불가능하다는 사실을 미리 얘기했다.

솔직히 말하면 머리보다 가슴으로 내린 결정이다.

해외 진출이 두 사람에게 어떤 의미인지를 알기 때문이다.

어쩌면 이번이 마지막 기회일 수도 있다.

군 문제로 생기는 제약들도 잘 안다.

그래서 출국을 허락했다.

이 결정은 내 원칙에 반한다.

그러나 내게 가장 소중한 건 바로 여러분이다.

"

양성 판정을 받았다. 코로나19의 꼬리가 끈질기게 벤투호를 괴롭히는 느낌이었다. 경기를 앞두고는 이동준과 이동경이 유럽 진출을 위해 잠시 독일로 건너갔다. 감독으로서는 국가대표팀 소집 기간 중 선수의 외부 이탈을 허락하기가 쉽지 않은 결정이다. 해당 선수의 컨디셔닝은 물론 팀 전체 분위기에도 영향이 끼칠 수 있기 때문이다. 벤투 감독은 선수들을 불러모아 자신의 판단에 양해를 구했다. 흔하지 않은 모습이었다.

벤투 감독의 배려로 이동준은 독일의 헤르타BSC, 이동경은 샬케04로 각각 이적할 수 있었다.

경기에서 벤투 감독은 4-4-2 포메이션으로 황의조-조규성 전방 카드를 재선택했다. 킥오프와 함께 아찔한 장면이 나왔다. 전반 10분 세트피스 상황 오마르 카르빈의 헤더골이 터졌다. 다행히 비디오 판독 결과 오프사이드가 선언되었지만 그라운드 위에 있는 선수들에겐 효과적인 경종이었다. 다시 집중한 선수들은 후반 7분 김진수가 김태환의 크로스를 머리로 해결해 선제골을 터트렸다. 두 풀백의 멋진 합작품이었다. 후반 25분 권창훈의 기습적 중거리슛이 그대로 득점으로 이어지며 2-0 승리를 거뒀다. 대한민국이 10회 연속 및 11회 월드컵 본선 진출에 성공한 순간이었다. 아시아 최초, 최다 기록이다. 최종예선 조 추첨 당시 예상되었던 험난한 일정에도 벤투호는 기대 이상의 결과로 월드컵 본선행 티켓을 거머쥐었다. 플랜A의 고집, 교체카드 활용의 비유연성 등 여러 비판이 나오긴 했지만 벤투 감독은 결과로 증명하며 자신이 올바른 길을 가고 있다는 걸 입증했다.

11년 만에 이란을 꺾다

월드컵 본선행을 확정한 한국은 편안한 마음으로 아시아 최강 이란을 상대
할 수 있었다. 월드컵 본선 조추첨에서 포트3에 진입해 난적들을 피하려면 꼭
이겨야 한다는 필요성은 여전했다. 역사적으로 이란은 까다로운 상대였다.
2011년 1월 아시안컵 8강전 승리 이후 한국은 11년째 이란을 상대로 승리하지
못했다. 당시 경기에서 한국은 연장전에 터진 윤빛가람의 기막힌 중거리슛으
로 1-0 승리를 거뒀다. 이후 한국의 이란전 상대 전적은 3무 4패로 열세에서
벗어나지 못했다. 이번 홈 경기는 지긋지긋한 무승 고리를 끊을 기회였다. 분
위기는 한국에 좋은 방향으로 흘렀다. 이란의 핵심 선수인 알리레자 자한바크
시와 메흐디 타레미가 코로나19 확진으로 대표팀 합류가 불발되었다. 아시아
최고 빅매치는 팬들의 큰 관심을 끌어냈다. 온라인 티켓 판매 사이트의 서버가
일시 마비될 정도였다. 서울 월드컵 경기장의 6만 4,000석은 매진되었다.

벤투 감독은 4-5-1 포메이션을 가동했다. 최전방에 황의조를 뒀고 2선에 손흥
민, 이재성, 정우영, 권창훈, 황희찬이 배치됐다. 벤투 감독은 공격적으로 이란
을 몰아붙였다. 전반 종료 직전 볼을 잡은 손흥민이 강력한 무회전 중거리슛으
로 선제골을 터트렸다. 한국이 16년 만에 이란을 상대로 전반전 선제골을 기
록하는 순간이었다. 벤투 감독은 벌떡 일어나 주먹을 불끈 쥐었다. 실점을 내
준 이란은 후반 시작과 함께 앞으로 나왔다. 하지만 이날 경기의 주인공은 한
국이었다. 후반 17분 황희찬의 패스를 받은 이재성이 낮은 크로스를 전달했
고, 문전에 있던 김영권이 해결하며 스코어를 2-0으로 만들었다. 2018년 러시
아 월드컵 독일을 상대로 2-0 승리를 거둔 '카잔의 기적'이 떠오르는 장면이었
다. 이 득점으로 한국은 17년 만에 이란을 상대로 2골에 성공했다. 2-0으로 앞
선 상황에서도 한국은 능동적 축구로 이란 골문을 두드리며 추가골을 노렸고,
후반 중반에는 백3 시스템으로 전환하는 경기 운영도 선보여 경기를 마무리했
다. 11년 만에 나온 이란전 승리였다. 금상첨화 이날 결과로 벤투 감독은 대한
민국 국가대표팀 재임 기간 최다승(28승 10무 4패)을 기록했다. 기존 최다승은 울
리 슈틸리케 감독(27승 5무 7패)이었다.

모래바람 뚫고 카타르 길을 연 벤투호

이란을 꺾으며 A조 1위로 올라선 한국은 마지막 경기인 UAE전을 위해 두바
이로 향했다. 발걸음은 가벼웠다. 월드컵 본선행을 확정했고, 숙적 이란까지 꺾
어 조 1위를 달렸다. 마지막 경기에서 이기면 완벽한 마무리였다. 벤투 감독은
최종전에도 최정예 자원을 투입했다. 4-1-4-1 포메이션으로 최전방에 황의조,
2선에 황희찬, 권창훈, 이재성, 손흥민이 배치됐다. 수비도 김태환, 김민재, 김

"""

예상대로 어려운 경기를 했다.

이란은 강한 팀이다.

상대가 전반에 좋은 압박을 해서 빌드업에 어려움을 겪었다.

그래도 시간이 흐르며 점차 나아졌다.

후반에는 더 좋은 경기력을 보여줬다.

확실한 기회가 많았다.

오늘 결과적으로 좋은 경기력을 발휘했다.

전반보다 후반에 좋은 경기력이 나왔고, 2-0 승리는 정당한 결과였다.

""

시작 후 35분까지 보여준 모습은
내가 이 팀에 부임한 이래 봤던 전반전 중 최악이었다.
첫 번째로 나한테 책임이 있다.
왜냐하면 여기 있는 누구에게도 오늘 경기의 중요성을 제대로 전달하지 못한 것 같다.
우리가 월드컵에 진출했고, 이미 많은 걸 이뤘다는 것 또한 알고 있다.
하지만 과거의 성공에 안주하는 건 좋지 않다.
우리의 희망, 절실함, 야망에 관해 이야기해야 한다면 지금이 바로 그 순간이다.

영권, 김진수, 골키퍼 조현우까지 핵심 자원이 총출동했다. 하지만 역시 축구에서는 기술만큼 심리적 측면도 중요했다. 이미 목표를 달성한 벤투호의 경기력은 최악이었다. 패스는 부정확했고 움직임은 둔했다. 이란을 2-0으로 잡은 모습은 온데간데없이 사라졌다. 0-0 상태로 전반전이 종료되었다. 라커룸으로 돌아온 벤투 감독은 선수들을 강하게 질책했다.

후반전에는 상황이 조금 나아졌다. 패스와 움직임이 모두 가벼워졌다. 하지만 전반전을 통해 자신감을 얻은 UAE 선수들이 투지를 불태웠다. 후반 9분 한국의 최후방 라인을 절묘하게 침투한 하렙 압둘라가 정확한 왼발 슛으로 선제골을 터트렸다. 정신이 번쩍 든 한국 선수들은 고군분투했다. 벤투 감독도 수비수 김태환을 빼고 공격수 조영욱을 투입해 동점골을 노렸지만 경기는 그대로 끝났다. 선수들의 정신력도 아쉬웠지만 벤투 감독의 경기 운영의 한계도 드러난 경기였다. 벤투 감독은 교체 카드를 2장만 활용했다. 상대의 두 줄 수비를 뚫기 위해서는 더 많은 변화가 필요했다. 결국 한국은 A조 2위로 내려앉은 채 카타르 월드컵 최종예선을 개운치 않게 마쳤다.

벤투호의 최종예선을 돌아보면 전체적으로 성공적이었다. 플랜A의 완성도는 시간이 갈수록 높아졌고, 고된 중동 원정에서도 좋은 결과들을 얻었다. 이란을 11년 만에 제압하는 성과도 거뒀다. 10전 7승 2무 1패 13득점 3실점으로 성적표도 좋았다. 최종전 '충격패'만으로 벤투호의 과정 전체를 비판하기는 어려웠다. 벤투호가 아시아 지역에서 목표를 달성했다는 것은 부인할 수 없는 사실이었기 때문이다. 물론 약점도 노출했다. 핵심 선수들이 이탈하면 그 자리를 대체할 자원이 부족했다. 벤투 감독의 소극적 교체 전술도 여전히 아쉬움으로 남았다. 최전방에 해결해줘야 할 황의조의 경기력 하락 현상은 큰 우려를 자아냈다. 황의조는 벤투 체제에서 골을 가장 많이 넣은 스트라이커다. 그런데 최종예선에 진입한 후에는 득점력이 뚝 떨어졌다. 2차 예선에서 2골, 최종예선 무득점은 에이스 스트라이커에게 어울리지 않은 기록이었다. 황의조의 하락세는 결과적으로 조규성이란 새로운 스타의 등장으로 이어졌다.

FIFA WORLDCUP

대한민국 FIFA월드컵 아시아 지역 예선 역대 결과

지역 예선 결과	아시아 출전국
13조 1위(2전 1승 1무)	한국
플레이오프 합산 3-1(2-1, 1-0)	한국, 이라크
최종예선 1위(5전 3승 2무)	한국, UAE
최종예선 2위(5전 2승 2무 1패)	한국, 사우디아라비아
최종예선 B조 1위(8전 6승 1무 1패)	한국, 일본, 사우디아라비아, 이란
개최국 자동 진출	한국*, 일본*, 사우디아라비아, 중국
3차 예선 1조 2위(6전 3승 1무 2패)	한국, 일본, 사우디아라비아, 이란
4차 예선 B조 1위(8전 4승 4무)	한국, 일본, 북한, 호주
4차 예선 A조 2위(8전 4승 2무 2패)	한국, 일본, 이란, 호주
3차 예선 A조 2위(10전 4승 3무 3패)	한국, 일본, 이란, 호주, 사우디아라비아
3차 예선 A조 2위(10전 7승 2무 1패)	한국, 일본, 이란, 호주, 사우디아라비아, 카타르

*개최국 자동 출전

09

이제는 월드컵,
모든 준비는 끝났다

최종예선 종료와 함께 4월 1일 결전의 땅 카타르 도하에서 조 추첨식이 열렸다. 그토록 기다린 월드컵 본선 상대가 결정되는 날이었다. 월드컵 본선에 오른 32개국 감독들이 한 자리에 모였다. 32개국 체제로 진행되는 마지막 월드컵의 조 추첨은 많은 관심과 긴장 속에서 시작됐다. 월드컵 우승 후보가 가득한 포트1과 포트2 소속 국가의 조 편성이 완료된 후 한국이 속한 포트3 추첨이 진행됐다. 한국은 스페인과 독일이 속한 E조를 가장 피해야 했다. 죽음의 조 한 자리에는 일본이 들어갔다. 모리야스 하지메 감독은 복잡한 감정이 담긴 초연한 표정을 지었다. 8개월 뒤 일본이 조 1위로 16강에 진출한다는 사실은 모리야스 감독 본인도 예상하지 못했을 것 같다. 한국은 가장 마지막에 뽑혀 포르투갈, 우루과이가 있는 H조에 속했다. 벤투 감독은 조국 포르투갈을 적으로 만나 많은 생각이 들었겠지만 표정은 담담했다. 포트4 추첨에서 가나가 H조에 합류하며 포르투갈(당시 FIFA랭킹 8위), 우루과이(13위), 가나(60위) 그리고 대한민국(29위)이 카타르에서 경쟁하게 되었다. 쉽지 않은 조 편성이었다. 이제 남은 건 벤투호의 마지막 준비였다.

6월 모의고사 그리고 동아시안컵

월드컵을 앞두고 대한축구협회는 2002년 한일 월드컵 20주년 기념으로 6월에만 A매치 4연전을 준비했다. 상대 팀들의 전력도 포트별로 구분되는 팀을 초청했고, 경기 사이의 기간도 월드컵 본선처럼 구성했다. 그야말로 최종 모의고사였다. 첫 경기는 2002년 한일 월드컵 우승국 브라질이었다. FIFA랭킹 1위이자 호화군단 브라질 대표팀은 내한부터 큰 관심을 받았다. 평소 A매치와 달리 브라질 대표팀은 일찍 한국에 들어와 시차 적응을 시작했다. 이 과정에서 N서울타워, 에버랜드 등 한국의 주요 관광지를 다니며 유쾌한 모습들을 보여줬다. 세계적 스타들이 한국의 관광지에서 즐기는 모습은 국내 팬들에겐 흥미로운 광경이었다. 경기는 진지했다. 서울 월드컵 경기장은 축구 팬 6만 4,872명으로 가득 찼다. 양 팀은 가동할 수 있는 최정예 라인업을 꺼내 전력을 평가했다. 한국은 4-3-3 포메이션을 선택했다. 최전방에 황희찬, 황의조, 손흥민이 섰고 미드필더에는 황인범, 정우영, 백승호가 배치됐다. 백4 라인에는 이용, 김영

조 추첨 소감은?

본선에서 어려운 조에 편성됐다. 사실 월드컵에서 쉬운 조 편성은 거의 불가능하다. 좋은 세 팀을 만난다. 16강 진출 가능성이 높은 두 팀이 있지만 우리도 최선을 다해 준비하고 싸울 것이다.

조국 포르투갈을 만난 소감은?

조 추첨 전에는 포르투갈과 같은 조가 아니었으면 좋겠다고 생각했다. 그 이유는 이해할 것이다. 하지만 상대에 접근할 때는 포르투갈도 다른 두 팀과 똑같이 해온대로 분석할 것이다. 다만 심리적으로는 다른 면이 있다. 조국을 상대하기 때문이다. 나 자신부터 프로답게 경기를 준비하겠다.

16강에 진출하기 위해 필요한 것은?

토너먼트에 진출하려면 아주 잘 싸워야 한다. 하지만 잘 하는 것만으로도 충분하지 않을 수 있다. 내가 보기에 16강 진출이 더 유력해 보이는 두 팀이 있지만 우린 도전할 것이다. 최선을 다해 진출 가능성을 극대화하겠다. 경기를 잘하는 것만으로는 충분하지 않다. 최대한 싸워서 목표를 이루겠다.

4년 동안 한 감독이 월드컵을 준비한 건 처음인데?

우리가 함께 보낸 시간은 팀을 단단하게 만드는 데 중요했다. 함께 한 시간이 아니었다면 이렇게 좋은 결과는 불가능했다. 선수들이 플레이 스타일에 대한 믿음을 줘 팀의 정체성을 만들 수 있었다. 코칭스태프의 한 명으로서 기분이 좋다. 여기까지 온 건 선수들이 보여준 헌신 덕분이다.

권, 권경원, 홍철, 골문은 김승규가 지켰다. 벤투호의 핵심 선수인 김민재와 이재성은 부상으로 소집되지 않았다. 브라질은 네이마르, 히샬리송, 카세미루, 프레드, 티아구 실바 등 화려한 선발진을 꺼냈다. 경기는 예상대로 쉽지 않았다. 경기 시작과 함께 티아구 실바의 헤더골이 나왔지만 오프사이드로 취소됐다. 숨돌릴 틈도 없이 전반 7분 히샬리송의 선제골이 터지면서 브라질이 리드를 잡았다. 한국도 마냥 물러서지 않았다. 전반 31분 황의조가 감각적인 퍼스트터치 후 간결한 슈팅으로 동점골을 기록했다. 2002년 11월 설기현, 안정환 이후 20년 만에 브라질을 상대로 나온 득점이었다. 한국의 동점골은 브라질의 승부욕을 부추긴 결과를 낳았다. 브라질이 본격적으로 전진하기 시작됐다. 전반 42분과 후반 12분 네이마르가 페널티킥으로 두 골을 기록했고, 후반 35분 필리페 쿠티뉴, 후반 추가시간 가브리에우 제주스까지 골 퍼레이드가 펼쳐지며 경기는 1-5 완패로 끝났다. 이 경기에서 벤투호는 단점들을 모두 노출했다. 상대의 강한 압박에 빌드업은 사라졌고, 치명적인 패스 실수가 연이어 나오면서 한국은 자멸했다. 월드컵을

몇 달 앞둔 시점에서 벤투 축구에 의구심이 커졌다. 경기 후 거스 히딩크 전 대한민국 감독은 "브라질은 세계 최고의 팀이다. 한국에는 좋은 경험이 됐을 것이다. 결과와 상관없이 스타일을 고수해야 한다. 그렇지 않으면 선수들에게 혼란만 줄 수 있다. 실점 장면을 보면 실수들이 나왔다. 이를 보완해야 한다. 한국은 20년 동안 좋은 스타일을 만들어왔고, 벤투 감독의 스타일 역시 좋다고 생각한다. 지금까지 해온 걸 유지하는 편이 좋다고 본다"라고 조언했다.

나흘 뒤 대전 월드컵 경기장에서 칠레전이 열렸다. 세대교체 과정에 있는 칠레는 우리가 아는 유명 스타들은 없었다. 객관적 전력에서 한국보다 아래라는 평가가 지배적이었다. 벤투 감독은 4-4-1-1 포메이션을 꺼냈다. 최전방에 손흥민을 두고 2선에 정우영(프라이부르크)을 배치하는 깜짝 전술을 선택했다. 플랜 B의 실험으로 보였다. 경기 시작은 좋았다. 전반 11분 황희찬이 통쾌한 슛으로 선제골을 기록했다. 이후 칠레의 압박이 살아나며 빌드업이 흔들리기 시작했다. 후반 6분 왼쪽 윙백으로 나선 알렉스 아바카체는 정우영에게 거친 태클을 시도해 A매치 데뷔전에서 퇴장을 당했다. 수적 우위를 점한 한국은 더욱 공격적으로 칠레를 두들겼다. 결국 후반 추가시간 페널티박스 바로 앞에서 황희찬이 얻어낸 프리킥을 손흥민이 정확히 연결해 추가골을 뽑았다. 본인의 A매치

100번째 경기를 자축하는 골이었다. 경기는 한국의 2-0 승리로 끝났다. 새로운 전술로 승리까지 거두는 성과였다.

나흘 뒤 수원 월드컵 경기장에서 벤투호는 파라과이를 상대했다. 며칠 전, 파라과이는 일본 원정에서 1-4로 완패를 당한 상태였다. 한국의 전력을 상대적으로 비교해 볼 수 있는 좋은 매치업이었다. 벤투 감독은 4-1-3-2 포메이션을 선택했다. 공격적 전술이었다. 황의조와 손흥민이 투톱을 구성했고 권창훈, 황인범, 나상호가 2선에 배치되었다. 부상으로 이탈한 정우영(알 사드)의 자리는 백승호가 맡았다. 선제골은 파라과이가 기록했다. 황인범이 투박한 터치로 소유권을 빼앗겼고, 정승현의 치명적 실수까지 나오며 미겔 알미론이 한국의 골망을 흔들었다. 전반은 0-1로 끝났다. 후반에도 파라과이가 먼저 골을 기록했다. 역습 상황에서 알미론이 정확한 왼발 감아차기로 추가골을 기록했다. 동점골을 노려 무게 중심을 앞으로 뒀던 한국의 뒷공간을 제대로 공략했다. 백승호가 혼자 수비형 미드필더 포지션에서 파라과이의 공세를 감당하기는 어려워 보였다. 위기의 한국을 구한 주인공은 손흥민이었다. 후반 21분 칠레전과 비슷한 위치에서 찬 프리킥이 만회골로 이어졌다. 기세가 오른 한국은 동점골을 넣기 위해 총공세를 펼쳤다. 결국 후반 추가시간 엄원상의 크로스를 정우영이 해

결하며 경기는 2-2 무승부로 끝났다. 이 경기에서 벤투호가 실험했던 공격적 전술은 실패로 끝났다. 수비형 미드필더로 자리했던 백승호가 상대의 압박에 묶이면서 공격과 수비가 분리되는 결과가 나왔다. 벤투호에서 정우영(알 사드)의 전술적 비중을 재확인할 수 있는 경기였다.

사흘 뒤 서울 월드컵 경기장에서 이집트전이 열렸다. 6월 A매치 4연전의 마지막 경기였다. 이 경기는 잉글랜드 프리미어리그 득점왕의 만남으로 관심을 모았으나 모하메드 살라가 부상으로 이탈하며 맞대결은 무산됐다. 벤투 감독은 4-4-2 포메이션을 선택했다. 이번에도 스트라이커를 2명 두는 전술이었다. 황의조와 손흥민이 최전방에 섰고 백승호와 고승범이 중원에 자리했다. 선제골은 한국에서 나왔다. 전반 15분 김진수의 크로스를 황의조가 머리로 해결했다. 전반 22분에는 코너킥에서 김영권이 추가골을 터뜨렸다. 실점도 있었다. 전반 37분 상대 선수의 손에 볼이 맞아 선수들이 반칙을 주장하며 손을 들었는데 그 사이 김진수에게 굴절된 공을 무스타파 모하메드가 해결했다. 전반전을 다소 찝찝하게 하는 실점 장면이었다. 후반에도 경기는 까다롭게 진행되었다. 이집트가 공격적으로 압박을 전개하자 한국은 흔들리며 위험한 장면을 연출했다. 이 상황을 해결한 선수는 교체로 들어온 조규성이었다. 엄원상의 패스를 받아 기막힌 감아차기로 분위기를 바꾸는 득점을 기록했다. 후반 추가시간에는 김진수의 크로스를 권창훈이 머리로 해결해 4-1 승리를 거뒀다. 이 경기에서는 논란이 이어진 손흥민 활용법이 재차 도마에 올랐다. 손흥민은 상대가 강하게 압박하자 3선까지 내려와 팀플레이를 전개하는 모습을 보여줬다. 손흥민이 중앙 미드필더처럼 후방까지 내려오는 바람에 본인의 최대 장점인 공간 쇄도와 슛을 살리지 못했다. 프리미어리그 득점왕을 보유하고도 제대로 활용하지 못하는 답답함은 벤투 감독의 전술 운용 비판으로 이어졌다. 대표팀과 토트넘에서 받는 손흥민의 압박과 지원은 당연히 다르지만, 아예 활용법이 다른 전술 구사에 국내 팬들은 물음표를 던졌다.

월드컵을 앞둔 벤투호의 마지막 대회는 7월에 열린 2022 EAFF E-1 풋볼 챔피언십(동아시안컵)이었다. 이번 대회는 코로나19로 인해 겨울이 아닌 여름에 열렸고, 개최국도 중국에서 일본으로 변경됐다. 벤투호의 출전 목적은 명확했다. 국내파 점검이었다. 월드컵이 얼마 남지 않은 상황이라 새 얼굴이 본선으로 갈 가능성은 크지 않았다. 그럼에도 선수 선발에 대한 논란은 발생했다. K리그에서 좋은 모습을 보여주고 있던 이승우, 홍정호, 주민규, 신진호, 김대원 등이 대표팀에 차출되지 않은 것이다. 벤투 감독은 김주성, 강성진, 고영준, 이기혁 등 신예 자원들을 대표팀에 첫 발탁했다. 이미 벤투 감독이 월드컵 구상을 거의 마쳤다는 걸 알 수 있는 대목이다. 본인 스타일에 맞지 않는 선수들은 냉정하게 외면되었다. 어떤 이는 고집, 어떤 이는 뚝심으로 해석했다.

첫 경기 중국전은 무난했다. 23세 이하 선수들로 출전한 중국은 한국의 적수가 되지 못했다. 벤투 감독은 4-1-4-1 포메이션을 꺼냈다. 전방에 조규성을 세웠고 2선에 엄원상, 황인범, 권창훈, 나상호가 배치됐다. 전반 39분 한국의 선제골이 터졌다. 상대 수비수 주천제가 황당한 자책골을 기록하며 경기는 1-0이 됐다. 이후 한국은 후반 9분 권창훈, 후반 35분 조규성의 추가골로 3-0 완승을 거뒀다. 홍콩전에 나서는 벤투 감독은 다양한 자원들을 가동했다. 4-3-3 포메이션으로 전방에 송민규, 조영욱, 강성진을 배치했고, 중원에 김진규, 김동현, 이기혁이 나섰다. 이 경기에서 강성진은 멀티골을 기록하며 강렬한 인상을 남겼다. 한국은 홍철의 득점을 추가해, 3-0 완승을 거뒀다. 벤투호의 마지막 상대는 일본이었다. 한일전은 사실상 동아시안컵의 목적이다. 그러나 벤투 감독의 생각은 달랐다. 벤투 감독은 중국, 홍콩전처럼 일본전에 나섰다. 역사적으로 얽힌 복잡한 감정을 고려한 경기 준비는 나타나지 않았다. 벤투 감독은 4-1-4-1 포메이션을 선택했다. 최전방에 조규성이 섰고 2선에 나상호, 김진규, 권창훈, 엄원상이 배치됐다. 중앙 수비수 권경원을 수비형 미드필더로 둔 것이 특이점이었다. 일본은 강했다. 일본의 부지런한 압박에 벤투호의 빌드업이 흔들리며 균열이 생겼다. 결국 후반 4분 소마 유키의 헤더 선제골이 나왔고, 후반 18분 사사키 쇼, 후반 27분 마치노 슈토가 연이어 득점을 기록했다. 세 번째 실점은 일본의 완벽한 티키타카를 막기에는 벤투호의 수비력으로는 역부족이었다. 일본의 원터치 패스에 한국 수비수들은 속수무책으로 당했다. 한국은 상대의 공격을 막기 급급했고, 정신을 차려보니 경기는 0-3 완패로 끝났다. 3실점이 다행일 정도로 최악의 경기력이었다. 한국 축구는 요코하마 참사를 포함해 U16, U23, A대표팀까지 4경기 연속 일본에 0-3으로 무너지는 치욕을 맛봤다. 축구 팬들은 물론 국민 모두가 분노할 수밖에 없는 결과였다. 동아시안컵을 준우승으로 마친 벤투호는 더욱 거센 비판에 직면하게 됐다.

여전히 불안한 시선, 벤투의 고집? 뚝심?

6월 4연전에서 벤투호는 2승 1무 1패 성적을 거뒀다. 무난한 결과였다. 플랜A보다 다양한 전술을 실험하며 플랜B와 C를 찾으려고 노력했다. 나쁘지 않은 내용이었지만, 새로운 전술을 찾는 시도는 플랜A의 중요성을 부각시켰다. 확신과 불안함의 어두움 사이에서 벤투호는 길을 찾고 있었다. 그 불안함은 동아시안컵 한일전에서 거친 파도로 거세졌다. 요코하마 참사로 축구 팬들의 기대가 높았던 경기였는데 벤투 감독은 한일전에서도 월드컵 실험에만 집중했다. 승리할 수 있는 팀이 아니라 새로운 자원을 찾는 기회로 이용했다. 결과가 좋을 리 없었다. 정신적으로 무장된 일본에 완패하며 벤투호는 많은 걸 잃었다.

경기 후 인터뷰도 이해할 수 없었다. 벤투 감독은 "일본은 놀랍지 않았다. 경기는 예상대로 진행됐다", "비주전 선수들은 격차를 좁히려고 하겠지만 주전 선수들과 격차는 더욱 커질 것" 등 유체이탈 화법의 소감을 전했다. 깜짝 놀란 대한축구협회는 벤투 감독의 영어가 익숙치 않아 발생한 오해라고 설명했다. 이런 모습을 지켜본 축구 팬은 벤투호가 월드컵에서 실패할 것이라며 낙담했다. 월드컵을 4개월 앞둔 상황, 감독 교체론까지 등장하기도 했다.

선수 선발 논란도 꾸준히 나왔다. 아무리 노력을 해도 벤투 감독은 뽑는 선수만 뽑는다는 이야기가 나올 정

도였다. 벤투 감독은 당시 소속팀에서도 부진했던 나상호와 권창훈를 변함없이 선발했다. 이승우, 김대원 등 당장 K리그에서 이들보다 좋은 활약을 펼치는 선수들이 있었지만, 그는 철저히 외면했다. 이미 월드컵 구상을 마친 벤투 감독은 그 계획안에 들지 못한 자원들을 쳐다보지 않았다. 사실 이런 논란은 새롭지 않았다. 4년 동안 벤투 감독은 대표팀에서 그려온 그림에 필요한 조각이라면 현재 경기력과 상관없이 꾸준히 선발했다. 선수들의 경쟁 의식이 떨어지고 안일함이 커질 수 있다는 우려가 나왔지만 벤투 감독은 묵묵히 자신의 길을 갔다. 선수 선발은 감독의 고유 권한, 이 선택은 벤투 감독의 고집이 아니라 뚝심이었다.

끝까지 벤투호를 괴롭힌 / 이강인 이슈

벤투 감독에게 이강인은 애증의 선수다. 자신을 곤란하게 만들었지만 끝내 웃게 만든 선수이기도 했다. 이강인은 벤투 감독의 선택을 받아 A대표팀에 처음 발을 들였다. 2019년 3월 벤투 감독은 FIFA U20월드컵(폴란드)에서 한국의 준우승을 이끌며 골든볼(대회 최우수선수)을 수상한 이강인을 발탁했다. 처음에는 기회가 주어지지 않았다. 그래도 이강인의 A대표팀 선발 사실만으로도 축구 팬들은 설렜다. 2019년 9월 A매치 이강인이 드디어 조지아전에서 A매치 데뷔를 신고했다. 처음에는 긴장한 것처럼 보였으나 프리킥으로 골대를 맞혔고, 뛰어난 탈압박 및 정확한 패스를 보여주며 강한 인상을 남겼다.

이후 이강인은 계속해서 벤투 감독의 부름을 받았다. 10월 스리랑카전에서는 코너킥에서 황희찬의 골을 도우며 첫 도움을 기록하기도 했다. 이강인은 벤투 감독의 핵심이 되는 것처럼 보였다. 하지만 시간이 지날수록 이강인의 존재감은 희미해졌다. 특히 원톱으로 나서 최악의 결과를 낳았던 요코하마 참사 이후 벤투 감독은 이강인을 외면했다. 마요르카로 이적한 이강인이 매 경기 풀타임을 뛰며 라리가 베스트일레븐 활약을 보여주는 시점에서도 벤투 감독은 이강인을 부르지 않았다. 많은 팬이 이강인을 기대했지만 벤투 감독의 외면은 이어졌다. 2022년 9월 카타르 월드컵이 코앞으로 다가온 시점에서 이강인이 1년 반 만에 벤투호에 복귀했다. 하지만 이강인은 벤치만 달군 채 스페인으로 돌아갔다. 경기 중 관중이 이강인을 연호했지만 벤투 감독은 눈 하나 꿈쩍하지 않았다. 카타르 월드컵 최종명단에는 이강인의 이름이 있었다. 이 선택은 성공이었다. 조별리그 1차전 우루과이전에서 후반 29분 교체로 나온 이강인은 날카로운 패스로 전방에 있는 조규성, 손흥민에게 좋은 기회를 제공했다. 2차전인 가나전에서는 후반 12분에 교체로 들어갔다. 이강인은 곧바로 강한 압박으로 공을 빼앗은 후 정확한 크로스로 조규성의 선제골을 도왔다. 벤투 감독의 용병술이 제대로 통했다. 포르투갈전에서는 아예 선발로 나섰다. 이강인의 날카로운 코너킥은 호날두의 등에 맞았고 김영권의 동점골로 이어졌다. 자신의 임무를 성공적으로 마친 이강인은 후반 36분 황의조와 교체됐다. 브라질전에서는 패색이 짙어진 후반 36분 교체로 나와 월드컵 토너먼트를 경험했다. 최태욱 코치에 따르면, 벤투 감독은 이강인을 외면하지 않고 오히려 기다렸다. 이강인이 계속 성장하며 수비 능력을 갖추자 벤투 감독은 주저하지 않고 그를 선택했다. 벤투 감독에게 이강인은 소중한 자원이었다.

벤 . 투 . 호

벤투 감독은 한국 부임 후 4년 4개월을 한 단어로 정의하면 '플랜A 찾기'였다. 월드컵을 직전에 둔 9월과 11월 A매치에서도 그 노력
은 이어졌다. 벤투호는 코스타리카(2-2 무), 카메룬(1-0 승) 그리고 아이슬란드(1-0 승)를 상대했는데 양현준, 조영욱 등을 제외하면
사실상 최종명단에 들어갈 선수들이 대부분 벤투 감독의 부름을 받았다. 이 경기에서 벤투 감독은 자신이 가장 믿는 선수들로 라인업
을 꾸려 경기에 나섰다. 포메이션은 조금씩 달라졌지만 선수 구성 및 경기 내용은 비슷했다. 그렇게 벤투 감독은 마지막 평가전까지 플
랜A를 갈고닦기 위해 노력했고 그 무기를 들고 월드컵 본선에 나섰다. 벤투 감독의 플랜A는 기본적으로 4-2-3-1 포메이션으로 최전
방에 황의조를 두고 2선에 황희찬, 이재성, 손흥민, 중원에는 황인범과 정우영이 호흡을 맞추고 백4에는 김문환, 김영권, 김민재, 김진
수, 골키퍼는 김승규다. 라이트백 포지션에서는 마지막까지 고민이 컸지만 김문환이 좋은 활약을 보여주며 믿음에 보답했다. 최전방은

플랜A 완성

월드컵 본선을 앞두고 황의조의 경기력이 급락하는 사이 조규성이 자리를 꿰찼다. 경기 중 변화는 자주 있었다. 손흥민을 위로 올려 스트라이커 2인 조합을 만들거나 황인범을 2선으로 올려 공격적 전형을 만들기도 했지만, 플랜A는 크게 틀을 벗어나지 않았다. 플랜B로 백3를 활용하거나 섀도우스트라이커 배치, 최전방에 공격형 미드필더를 두는 가짜 공격수 전술도 써봤지만 모두 실패로 끝났다. 벤투 감독은 플랜A 완성에 긴 시간을 보냈다. 여러 개의 검을 만들기보다 자신의 손에 딱 맞는 검 하나를 완성해 계속해서 갈고 닦았다. 이 검을 들고 카타르 월드컵에 나선 벤투 감독은 16강 진출이라는 성과를 거뒀다. 스포츠는 결과론이다. 벤투호의 플랜A가 월드컵에서 통하지 않았다면 벤투 감독은 고집스럽고 완고했던 감독으로 기억됐을 것이다. 벤투 감독은 보란듯이 플랜A를 들고 월드컵에서 12년 만에 한국을 16강 무대에 올려 놓았다. "상대가 누구든 우리의 축구를 하겠다"는 벤투 감독의 플랜A는 대성공으로 끝났다.

10

벤투호 2022 카타르 월드컵 최종명단

GK		
김승규	알 샤밥
조현우	울산 현대
송범근	전북 현대

DF		
김민재	SSC 나폴리
김영권	울산 현대
권경원	감바 오사카
조유민	대전 하나시티즌
김문환	전북 현대
윤종규	FC 서울
김태환	울산 현대
김진수	전북 현대
홍 철	대구 FC

MF		
정우영	알 사드SC
손준호	산둥 타이산
백승호	전북 현대
황인범	올림피아코스
이재성	FSV 마인츠05
권창훈	김천 상무
정우영	프라이부르크
이강인	RCD 마요르카
손흥민	토트넘 홋스퍼
황희찬	울버햄튼 원더러스
나상호	FC 서울
송민규	전북 현대

FW		
황의조	올림피아코스
조규성	전북 현대

MATCH 1

 KOREA 0 : 0 URUGUAY

2022 카타르 월드컵 H조 1경기

경기 대한민국 vs 우루과이
시간 2022년 11월 24일 (목) 22:00(한국 시각)
장소 카타르 에듀케이션 시티 스타디움(41,663명)
주심 클레망 튀르팽(프랑스)

불신을 신뢰로 바꾼 첫 경기

첫 경기는 월드컵의 성공과 실패의 가늠자다. 첫 경기 결과가 전체 일정에 큰 영향을 미친다. 그만큼 벤투 감독은
철저히 준비했고, 가장 자신 있는 플랜A로 우루과이를 상대했다. 4-2-3-1 포메이션으로 최전방에 황의조,
2선에 나상호, 이재성, 손흥민을 배치했고 중원에 정우영과 황인범, 백4에 김문환, 김민재, 김영권, 김진수,
골문은 김승규가 자리했다. 햄스트링 부상 중인 황희찬을 나상호가 대체한 선발 라인업이었다. 예상과 달리 한국이
경기를 주도했다. 한국은 벤투 감독이 4년 내내 시도했던 능동적 축구를 펼치며 우루과이를 몰아붙였다.
마침내 결정적 기회가 찾아왔다. 전반 33분 김문환의 낮은 크로스가 문전에 있던 황의조에게 전달됐다. 황의조의 슛은
허무하게 하늘로 떴다. 모두가 아쉬움에 머리를 감쌌다. 공격은 계속됐다. 벤투호는 유기적 패스로 우루과이를 끊임없이
괴롭혔다. 다르윈 누녜스는 빠른 발로 한국의 뒷공간을 노렸지만 김문환의 악착같은 수비가 진가를 발휘했다.
후반 중반 이강인과 조규성이 들어온 후 한국은 더욱 거세게 우루과이를 두드렸다. 아찔한 장면도 있었다.
후반 44분 페데리코 발베르데의 강력한 중거리 슈팅이 골대를 때렸다. 남은 시간 한국은 손흥민의 결정적 왼발 슈팅이
골문을 외면하며 0-0으로 경기를 마쳤다. 경기가 끝난 후 안도감 대신 아쉬움이 몰려왔다. 월드컵에선 느낄 수 없는
감정이었다. 조금만 더 시간이 있었다면 우루과이를 잡을 수도 있었다는 느낌이 들 정도로 벤투호는 좋은 축구를 했다.
중원에서 밀리지 않고 강팀 우루과이와 대등하게 맞섰다. 벤투 감독의 플랜A는 월드컵에서 충분히 통했다.
참고로 이 경기에서 양 팀 모두 유효 슈팅을 기록하지 못했다.

4-3-3

감독 **디에고 알론소**

로셰트

카세레스 고딘 히메네스 올리베라
79' 비냐

발베르데 베시노 벤탄쿠르
79' 데라크루스

펠리스트리 수아레스 누녜스
88' 바렐라 64' 카바니

황의조
74' 조규성

손흥민 이재성 나상호
74' 손준호 74' 이강인

황인범 정우영

김진수 김영권 김민재 김문환

김승규

4-2-3-1

감독 **파울루 벤투**

"""

양 팀 모두 서로를 존중하면서 경기를 치렀다.
이번 경기가 힘들 것이라는 건 잘 알고 있었다.
우루과이는 기술적, 신체적으로 너무 훌륭하다.
결론적으로 우리 선수들은 잘했다.
특히 전반에는 경기 장악력이 더 좋았다.
잘한 부분은 전체적으로 경기력을 올린 것이다.
치열한 경기라 우리의 경기력을 올려야 한다고 했는데 아주 잘했다.
공격적으로 용감하게 진행했고 상대를 두려워하지 않았다.

PAULO BENTO

MATCH 2

KOREA 2 : 3 GHANA

2022 카타르 월드컵 H조 2경기

경기 대한민국 vs 가나
시간 2022년 11월 28일 (월) 22:00(한국 시각)
장소 카타르 에듀케이션 시티 스타디움(43,983명)
주심 앤소니 테일러(잉글랜드)

깨지 못한 징크스

벤투호는 1차전에서 인상적 경기력을 보였다. H조 2차전 상대는 아프리카 복병 가나였다. 16강에 가려면 승리가
필요했다. 월드컵 2차전 징크스가 마음에 걸렸다. 지금까지 참가한 월드컵 10개 대회에서 한국은 조별리그 두 번째
경기에서 이긴 적이 한 번도 없었다(10전 4무 6패). 축구 팬들은 지긋지긋한 2차전 징크스가 카타르에서 깨지길 원했다.
벤투 감독은 다소 파격적인 라인업을 꺼냈다. 4-2-3-1 포메이션을 가동했는데 최전방에 황의조 대신 조규성이
선발로 나섰다. 2선에서 정우영(프라이부르크)이 공격형 미드필더로 배치됐다. 벤투호의 핵심인 이재성을 선발에서
제외한 건 놀라운 선택이었다. 한국과 마찬가지로 승리가 필요했던 가나는 아이유 형제, 이나키 윌리암스,
토마스 파티, 모하메드 쿠두스, 모하메드 살리수 등 최정예 라인업을 꺼냈다.
경기 초반 분위기는 좋았다. 한국은 짜임새 있는 패스로 가나를 압박하며 좋은 장면을 만들었다. 그러나 기회를
살리지 못하자 실점이 찾아왔다. 전반 23분 세트피스 상황에서 모하메드 살리수가 볼을 밀어넣으며 선제골이 나왔다.
끝이 아니었다. 전반 33분에는 조던 아이유의 크로스를 모하메드 쿠두스가 머리로 해결했다. 연이은 실점에 한국은
당황하기 시작했다. 벤투 감독은 후반 시작과 함께 정우영을 빼고 나상호를 투입했다. 후반 12분에는 권창훈과
이강인을 교체했다. 선택은 적중했다. 후반 13분 이강인의 크로스를 조규성이 머리로 연결해 만회골을 터뜨렸다.
그리고 3분 뒤 김진수가 가까스로 올린 크로스를 또 다시 조규성이 헤더골로 연결했다. 2-2 동점이었다. 조규성은
한국 축구 역사상 월드컵 한 경기에서 멀티골을 넣은 최초의 선수가 되었다. 경기장은 순식간에 붉은 함성으로 가득
찼다. 아쉽게도 분위기는 오래가지 못했다. 후반 23분 왼쪽 측면 크로스가 흘렀고 쿠두스가 강력한 왼발로 마무리했다.
한국은 포기하지 않았다. 동점골을 위해 모든 선수가 공격에 가세했다. 앤소니 테일러 주심의 야속한 종료 휘슬이
울렸다. 경기는 패배로 끝났지만 박수를 받을 만한 경기력이었다. 경기 후 벤투 감독은 코너킥을 주지 않고
경기를 끝낸 주심에게 항의하다가 퇴장을 당하는 바람에 3차전 포르투갈전을 관중석에서 지켜봐야 했다.

아티지기

램프티
78' 오도이

아마티

살리수

멘사
88' 바바

파티

사메드

쿠두스
83' 지쿠

안드레 아이유
78' 체레

윌리암스

조던 아이유
78' 술레마나

살리수 24' 쿠두스 34' 68' **3 : 2** 조규성 58' 61'

조규성

손흥민

정우영
46' 나상호

권창훈
57' 이강인

황인범

정우영
78' 황의조

김진수

김영권

김민재
90+2' 권경원

김문환

김승규

" "

초반 25분은 경기를 잘 컨트롤했다.

점유율도 좋았고, 패스도 좋았다.

전략대로 잘했다.

하지만 전반 후반부로 갈수록 통제권을 잃었다.

후반에는 완전히 바뀌었다.

점유율도 좋았고, 골을 넣을 수 있는 기회도 차지했다.

그러나 경기 막판은 공평하지 않았던 경기였다.

동점골을 넣을 수 있는 기회를 박탈당했다.

후반 막판 코너킥은 동점골을 넣을 마지막 기회였다.

주심이 그걸 박탈했다.

그래서 벤투 감독이 반응했다.

SERGIO COSTA

MATCH 3

 KOREA 2 : 1 PORTUGAL

2022 카타르 월드컵 H조 3경기

경기 대한민국 vs 포르투갈
시간 2022년 12월 3일 (토) 00:00(한국 시각)
장소 카타르 에듀케이션 시티 스타디움(44,097명)
주심 파쿤도 테요(아르헨티나)

9%의 가능성

1무 1패를 거둔 벤투호의 앞에는 16강으로 가는 다양한 경우의 수가 존재했다. 확실한 건 한국이 포르투갈을 반드시 잡아야 했다. 다행히 포르투갈이 이미 2승을 거둬 16강 진출이 확정한 상태였다. 한국은 그 빈틈을 공략해야 했다. 한국이 이기고 다른 경기에서 우루과이가 적은 점수 차이로 승리하거나 비겨야만 벤투호가 16강에 갈 수 있었다. 미국 통계전문매체 '파이브서티에잇'은 한국의 16강 진출 가능성을 9%로 바라봤다. 벤투 감독은 가나전 퇴장 징계로 관중석에서 경기를 지켜봤다. 라커룸 출입과 무전기 사용까지 금지되어 벤치와 무선 소통도 불가능했다. 바로 옆에 필리페 코엘류 코치가 앉아 많은 도움을 줬다. 운명의 3차전, 벤투 감독은 4-3-3 포메이션을 꺼냈다. 전방에 이재성, 조규성, 손흥민이 배치됐고 매 경기 좋은 활약을 보여준 이강인이 깜짝 선발로 나서 공격적 라인업을 꾸렸다. 포르투갈은 2차전 선발 라인업에서 무려 7명을 바꾸는 로테이션을 선택했다.

경기는 역시 쉽지 않았다. 불과 전반 5분 만에 디오고 달롯이 돌파 후 패스를 내줬고 히카르두 오르타가 컷백으로 득점에 성공했다. 한국은 포기하지 않고 앞으로 나아갔다. 전반 27분 이강인의 코너킥이 호날두의 등에 맞고 떨어졌고 이를 김영권이 재빠르게 해결하며 경기를 동점을 만들었다. 4년 전, 카잔의 기적이 떠오르는 득점 장면이었다. 포르투갈의 공세는 만만치 않았다. 특히 크리스티아누 호날두가 공격 지역에서 활발하게 움직이며 수차례 슛을 시도했다. 다행히 호날두의 슈팅은 번번이 골문을 외면했고, 완벽한 득점 기회도 살리지 못하는 장면도 연출되었다. 국내 팬들은 호날두가 국내 유벤투스 방한 당시의 '노쇼'의 빚을 드디어 갚았다며 기뻐했다.

후반 추가시간 모두가 기다린 장면이 나왔다. 포르투갈의 코너킥을 김문환이 걷어냈고 이를 받은 손흥민이 엄청난 질주로 상대 페널티박스 앞까지 도달했다. 손흥민은 마크맨의 가랑이 사이로 절묘한 패스를 찔렀고 교체로 들어왔던 황희찬이 마무리해 경기를 뒤집었다. 또 다른 도하의 기적이 완성된 순간이었다. 경기를 승리로 마친 벤투호는 바로 웃을 수 없었다. 우루과이가 가나전에서 딱 1골만 더 넣으면 한국이 탈락할 수 있었기 때문이다. 세상에서 가장 긴 10분이 지나고 벤투호는 16강 진출의 환희를 만끽할 수 있었다.

코스타

달롯　　　**페페**　　　**안토니오 실바**　　　**칸셀루**

누네스
65' 팔리냐

네베스
65' 레앙

비티냐
81' 베르나르두 실바

오르타

호날두
65' 안드레 실바

마리우
81' 카르발류

손흥민

조규성
90+3' 조유민

이재성
66' 왕희찬

이강인
81' 황의조

정우영

황인범

김진수

김영권
81' 손준호

권경원

김문환

김승규

오른쪽 5'
1:2
김영권 27' 황희찬 90+1'

포르투갈은 지금도 훌륭한 팀인 것 같다. 하지만 한국도 막강한 상대다. 우리가 잘 짜놓은 전략을 제대로 하고자 했다.
색다른 전술을 펼치려 했고 전술이 잘 반영됐다. 사실 벤투 감독이 지금 이 자리에 앉아 있어야 한다.
난 이런 자리를 별로 좋아하지 않는다. 감독 옆자리를 더 좋아한다. 벤투는 훌륭한 감독이다.

SERGIO COSTA

(벤투 감독을 향한 비판에도) 16강이 가능하다고 생각했다. 우리는 강점과 약점을 다 알고 있었다. 상대에 관해서도 다 분석했다. 그래서 다음 단계, 16강으로 갈 수 있다는 야망이 있었다. 겸손한 마음 속에서 16강을 노릴 수 있었다.

MATCH 4

 KOREA 1 : 4 BRAZIL

2022 카타르 월드컵 16강

경기 대한민국 vs 브라질
시간 2022년 12월 6일 (화) 04:00(한국 시각)
장소 카타르 스타디움974(43,947명)
주심 클레망 튀르팽(프랑스)

4년 4개월 여정의 마침표

기적의 순간을 경험하고 16강에 오른 벤투호를 기다리는 상대는 FIFA랭킹 1위이자 이번 대회 최고의 우승 후보 브라질이었다. 벤투호는 브라질을 만나 모두 패했다. 세계 최강 브라질과 대한민국의 전력 차이는 부정할 수 없는 사실이었다. 그렇다고 포기할 수는 없었다. 벤투호는 잃을 게 없는 팀이었다. 월드컵에서 처음 만난 브라질을 상대로도 벤투호는 원래 스타일을 유지하면서 당차게 준비했다. 벤투 감독은 4-4-2 포메이션을 꺼냈다. 최전방에 손흥민과 조규성이 스트라이커로 배치되었고, 이재성, 정우영, 황인범, 황희찬이 중원을 구성했다. 브라질도 방심하지 않았다. 조별리그 3차전 카메룬전에 주전 선수들에게 휴식을 주며 0-1로 패했던 브라질은 네이마르, 비니시우스 주니어, 히샬리송, 카세미루, 하피냐 등 최정예 자원들로 선발 라인업을 채웠다. 경기는 예상대로 흘러갔다. 전반 7분 비니시우스의 선제골이 터졌고 이어 전반 13분 네이마르가 페널티킥으로 추가골을 기록했다. 끝이 아니었다. 전반 29분 기막힌 패스 플레이 후 히샬리송이 브라질의 세 번째 득점을 터뜨렸다. 치치 감독을 포함해 브라질 선수단은 단체로 히샬리송의 비둘기 댄스 세리머니를 하며 사실상 승리를 자축했다. 브라질의 골 폭격은 계속됐다. 전반 36분엔 루카스 파케타가 비니시우스의 크로스를 가볍게 해결하며 스코어를 4-0으로 만들었다. 1954년 스위스 월드컵 헝가리, 튀르키예전 이후 68년 만에 나온 전반 4실점이었다. 경기 결과는 사실상 결정된 상황이었지만 벤투호는 포기하지 않았다. 후반 31분 이강인의 프리킥을 수비가 걷어내자 백승호가 강력한 중거리 슈팅으로 해결하며 브라질의 골망을 흔들었다. 카타르 월드컵 최고의 골 후보에 오를 정도로 멋진 득점 장면이었다. 벤투호의 100번째 골과 함께 대한민국의 4년 4개월 여정은 마침표를 찍었다.

알리송
80' 웨베르통

밀리탕
63' 알베스

마르퀴뇨스

티아구 실바

다닐루
72'브레머

파케타

카세미루

네이마르
80' 호드리구

하피냐

히샬리송

비니시우스
72' 마르티넬리

손흥민

조규성
80' 황의조

황희찬

황인범
65' 백승호

정우영
46' 손준호

이재성
74' 이강인

김진수
46' 홍철

김영권

김민재

김문환

김승규

비니시우스 7' 네이마르 13' 하피냐 29' 파케타 36' **4 : 1** 백승호 76'

"

16강을 달성해 매우 자랑스럽다. 선수들에게 잘했다고 이야기해주고 싶다.

4년 동안 감독 생활도 매우 만족스러웠다. 이제 미래를 어떻게 준비하느냐를 고민해야 한다.

나는 일단 쉬고 다음을 생각해야 할 것 같다. 선수들과 대한축구협회에는 이야기했다.

9월부터 결정됐다. 최선을 다해준 선수들에게 감사하다고 말하고 싶다.

이들의 감독을 할 수 있어 자랑스럽다는 말을 하고 싶다.

4년 4개월 동안 동고동락하면서 훈련을 했기 때문에 정말 훌륭한 실력을 보여줬다.

함께 일을 했던 선수 중에서도 최고의 선수들이라고 생각한다.

PAULO BENTO

3

MOMENTS

벤 투 호
모 먼 트

1

세상에서 가장 길었던 10분

10분은 짧은 시간의 대명사다. '10분 내로'라는 노래가 있을 정도다. 2022년 카타르 월드컵에서 벤투호에 10분은 세상에서 가장 긴 시간이었다. 포르투갈전에서 2-1 역전승을 거둔 선수들의 신경은 아직 진행 중인 우루과이와 가나의 경기에 가 있었다. 한국의 16강행이 이 경기 결과에 달렸기 때문이다. 당시 우루과이가 2-0으로 앞서고 있었는데 이대로 경기가 끝나야만 한국이 16강에 오를 수 있었다. 만약 우루과이가 1골이라도 더 넣으면 골득실에서 밀려 한국은 3위로 고배를 마셔야 했다. 다행히 가나의 로렌스 아티지기 골키퍼의 슈퍼세이브 행진이 나오며 경기는 2-0으로 끝났다. 그라운드 한가운데에서 벤투호 전원이 스마트폰으로 상대 경기를 10분 동안 지켜보며 가슴을 졸였다. 모두가 기다렸던 10분은 한국 축구 역사상 가장 긴 10분이었다. 마침내 종료 휘슬이 울린 순간, 10분 동안 쥐죽은 듯 조용했던 에듀케이션 시티 스타디움은 다시 함성으로 가득 찼다.

2 한국 월드컵 역사상 첫 1경기 2골 득점자 탄생

조규성은 카타르 월드컵 한국 최고의 스타가 됐다. 잘생긴 외모와 함께 가나전에서 터트린 2골 활약 덕분이다. 지금까지 한국은 월드컵에 11차례나 나서면서도 한 경기에서 2골 이상을 기록한 선수를 배출하지 못했다. 조규성은 가나전에서 2골을 터트리며 한국의 월드컵 역사에 자신의 이름을 남겼다. 골도 극적이었다. 0-2로 끌려가는 상황에서 조규성은 3분 사이에 2골을 터트리며 경기를 원점으로 돌렸다. 조규성의 기막힌 헤더 두 번은 대한민국을 들썩이게 만들었다. 아쉽게 패배했지만 조규성이라는 월드컵 스타 그리고 월드컵 1경기 2골이라는 새로운 기록이 만들어졌다. 월드컵 전 팔로워가 4만 명 수준이었던 조규성의 인스타그램 계정은 대회 종료 시점에서 290만 명까지 치솟았다. 역시 인생은 한 방, 아니 두 방이다.

3 월드컵 역사상 첫 감독 퇴장

월드컵 역사상 첫 번째로 퇴장당한 감독은 파울루 벤투다. 벤투 감독은 가나전 마지막에 크게 흥분했다. 경기 종료 직전 권경원의 슛이 상대에 맞고 나가며 코너킥을 기대했는데 앤소니 테일러 주심이 그대로 경기를 끝내버렸기 때문이다. 흐름이 좋았던 한국이 동점골을 넣을 마지막 기회였다. 테일러 주심은 추가시간을 인정하지 않은 채 야속한 경기 종료 휘슬을 불었다. 한국과 가나 선수들 모두 예상치 못한 종료였다. 흥분한 벤투 감독은 경기장으로 들어가 주심에게 거칠게 항의했다. 주심은 퇴장으로 응답했다. 최태욱 코치에 따르면 벤투 감독은 테일러 주심 앞에서 포르투갈어로 욕설을 했고 주심에게 퇴장을 당했다.

11

어느 조직이든 마찬가지다. 축구 감독도 다측면적 환경 아래에서 다양한 구성원과 호흡을 맞추며 일하는 직업이다. 축구 코칭이 세분화되면서 감독의 역할은 기술적 측면에서 점점 관리적으로 진화해 간다. 아무리 유능한 감독이라고 해도 본인이 처한 환경을 잘 파악하고 주변에 있는 스태프들과 협력하지 않으면 성공하기가 어렵다. 다양한 변수가 불규칙하게 작동하다 보니 어느 정도 운도 따라줘야 한다. 결과적으로 파울루 벤투는 그런 복잡다단한 과정을 성공적으로 통과한 대한민국 국가대표팀 감독으로 남을 수 있었다.

대한민국에서 4년 4개월을 보내는 동안 파울루 벤투 감독은 외국인 사령탑으로서 유불리를 모두 겪었다. 외국인 감독이라서 유리한 점은 역설적으로 선수와 언론과 직접 소통이 불가능하다는 데에 있다. 선수는 감독으로부터 크게 영향을 받는다. 국내 감독은 온갖 심리전을 펼치며 선수단과 '밀당'한다. 외국인 감독은 말이 통하지 않는 덕분에 그런 과정을 생략해도 무심하다는 불만이 생기지 않는다. 선수의 심리를 일일이 살피지 않아도 되는 상황은 감독에게는 축구 외적으로 스트레스 요소를 없애는 효과를 낸다. 선수는 감독이 추구하는 플레이스타일과 원칙에만 집중하면 되므로 오히려 의사소통이 깔끔해진다. 언론 소통도 마찬가지다. 벤투 감독은 4년 4개월 동안 대한민국 국가대표팀을 이끌면서 언론 인터뷰를 한 건도 소화하지 않았다. 공식 기자회견은 수 차례 있었지만, 자신의 뜻을 직설적으로 전달할 수 있는 특정 매체와 인터뷰는 한국을 떠날 때까지 이루어지지 않았다. 외국인 프리미엄을 벤투 감독은 아주 잘 파악하고 있었던 모양이다.

불리한 점은 뻔하다. 언론은 개인적 친분이 없는 외국인 감독을 냉정하게 다룬다. 벤투 감독처럼 국내 언론의 목소리에 거의 귀를 닫는 스타일이라면 국내 언론의 감독 다루기는 더 매서워진다. 한일전 패배, 특정 선수의 고집스러운 기용, 월드컵 직전까지 불안감을 지우지 못한 경기력 등 국내 언론은 벤투 감독을 끊임없이 흔들었다. 손흥민의 존재감도 언론에는 좋은 무기였다. 현실적으로 국내 언론은 손흥민을 소위 '까지' 않는다. 칭찬하는 기사가 훨씬 잘 팔리기 때문이다. 그런 손흥민이 대표팀에서 토트넘의 경기력을 재현하지 못하는 현상은 슈퍼스타를 올리고 벤투 감독을 비판하기에 매우 유용하다. 어차피 벤투 감독은 언론 보도에 전혀 반응하지 않는 캐릭터라는 안전장치도 있다. 언론은 벤투 감독이 대표팀 안에서 한 걸음씩 밟아갔던 과정에 대한 평가는 제쳐둔 채 겉으로 드러나는 현상을 근거로 공세를 유지했다. 국내 감독이었다면 조용히 넘어갈 사안까지 벤투 감독은 외국인이라는 신분적 불리함 탓에 비판에 시달려야 했다.

2018년 시점에서 대한민국 국가대표팀 감독직은 벤투 감독에게 거의 완

벽에 가까운 기회였다. 아시아에서 한국은 월드컵 본선행 가능성이 제일 큰 팀 중 하나다. 프리미어리
그에서도 손꼽히는 공격수 손흥민이 있고, 각 포지션에서도 경쟁력을 갖춘 자원이 풍부하다. 전 세계적
관점에서 보더라도 한국 축구계는 뛰어난 인프라와 깔끔한 금전 거래로도 평가가 높은 곳이다. 중국이
나 중동처럼 권력자의 막무가내식 개입은 거의 없고, 지하 세계의 마수를 걱정할 일도 없다. 일상 생활
의 안전함과 편리함은 두말하면 잔소리다. 출발 시점부터 벤투 감독은 오직 대표팀 전력 향상에만 집중
할 수 있는 환경을 선물받은 셈이다. 게다가 벤투 감독은 '사단' 체제로 한국에 왔다. 본인과 가장 가까
이서 일해줄 스태프가 전원 포르투갈 동료들이었다. 감독직 협상의 결과이기도 했지만, 이런 환경에서
순조롭게 대표팀 감독직을 시작하기란 전 세계적으로도 드문 게 현실이다. 아무리 모든 환경을 갖춰도
타향살이는 힘들 수밖에 없겠지만, 상대적으로 벤투 사단은 최상의 업무 여건을 누렸다고 할 수 있다.
카타르 월드컵 개막 직전까지 일선 현장에서는 벤투호의 성공을 자신하는 목소리가 작았다. 절대적
1강 포르투갈이 있고, 포트1 수준의 강자 우루과이까지 함께 들어간 상태였다. 가나 역시 불규칙한 경
기력에도 선수 개개인의 능력치는 한국에 앞선 팀이다. 현장 취재진은 대부분 16강보다 1승을 목표로

삼아야 한다는 예상을 내놓았다. 물론 국내 월드컵 정서와 언론의 전통적 역할 구도(응원해야 한다는 구시대적 통념) 속에서 언론은 이런 비관론을 펴진 않았다. 무승부에 그쳤지만 첫 경기였던 우루과이전에서 벤투호에 대한 평가는 일신되었다. 한국의 월드컵 본선 출전 사상 '원래 하던 대로 뛰었던' 최초의 90분이었기 때문이다. 승패는 무관했다. 국내 언론과 팬 모두 월드컵 무대에서 한국이 중원에서 플레이를 만들고(빌드업), 상대 진영에서 득점 기회를 정상적으로 만들어가는 모습을 처음 목격했다. 월드컵에서 이렇게 뛸 수 있는 팀, 그래도 패하지 않는 팀이 되었다는 사실 자체가 벤투호 4년 4개월의 거대한 성과였다. 포르투갈전에서 벤투호는 절체절명의 위기 속에서 운명을 뒤집는 집념도 선보였다. 그런 결과는 과정 없이 갑자기 벌어질 수 없다. 포르투갈 디오고 달롯의 가랑이 사이로 빠진 패스는 벤투호가 4년 4개월에 걸쳐 들인 노력에 대한 작은 선물이었다. 결과적으로 벤투 감독의 선택은 대부분 들어맞았다. 손흥민은 리더로서 팀을 이끌었다. 대회 중 에이스 스트라이커 황의조를 과감하게 조규성으로 대체한 선택도 적중했다. 논란거리였던 이강인은 가나전에서 추격의 불씨를 당기는 도움을 기록했다. 수비형 미드필더 포지션에 세운 정우영과 황인범은 공수 역할을 분담하면서 세계 최정상 무대에서 정상적 플레이를 소화했다. 최약 포지션으로 지적받았던 양쪽 풀백은 월드컵 4경기를 통해 한계를 드러냈지만, 자원 부족은 감독이 해결할 수 없는 영역의 문제다. 벤투 감독은 플랜A, B, C 등을 다양하게 실험했지만, 결국 본선 4경기에서는 플랜A를 고수했다. 이 부분 역시 코칭스태프의 준비 부족이라기보다 한국 축구의 현실이었다. 월드컵 무대에서 전술을 다양하게 구사할 여력을 갖춘 팀은 드물다. 알다시피 한국은 아직 그 수준에 다다르지 못한 팀이다. 현실을 받아들인 벤투 감독의 선택이었다. 제일 잘할 수 있는 방법 하나에 올인하는 것이다. 결과는 월드컵 16강 진출이었다. 결국 벤투 감독이 옳았다.

벤투호가 ——— 바꿔놓은

벤투호는 한국 축구에 큰 족적을 남겼다. 월드컵 16강 진출이란 결과와 별개로 국가대표팀은 이렇게 운영되어야 한다는 기준 제시였다. 벤투 감독은 포르투갈 출신 스태프를 완비한 상태로 파주에 입성했다. 여기에 통역과 코디네이터 역할로서 마이클 킴 코치, 국내 선수를 파악하는 역할을 할 최태욱 코치가 합류했다. 지금까지 대한민국의 지휘봉을 잡았던 외국인 감독 중에서 이렇게 시스템을 갖춘 사례는 벤투호가 처음이었다. 물론 국내 감독도 풍부한 코치진을 대동하긴 하지만, 국내 코치진은 해당 분야의 전문가가 아니라 감독의 말을 잘 따르는 '부하' 개념이 강하다. 감독을 대신해 선수들에게 싫은소리를 한다든가, 피곤한 오전 훈련을 해치우는 등의 당번병 역할도 요구된다. 벤투 사단은 달랐다. 훈련 계획을 체계적으로 수립하고, 선수들의 컨디션을 과학적으로 관리하는 등 전문가들의 손길이 닿았다. 트렌드에 한참 뒤떨어진 트레이너만 한 명 대동했던 울리 슈틸리케 체제와 근본적으로 달랐다. 코칭 효율보다 감독의 카리스마를 내세웠던 신태용 체제와도 달랐다.

한국 축구의 ———— 풍경

벤투 사단은 한국을 떠나기 전에 4년 4개월 동안 실행했던 모든 훈련 기록을 꼼꼼히 정리해 대한축구협회 측에 제공했다. 이 역시 전임 체제에서는 구경할 수 없었던 광경이다. 한국 축구의 최대 약점은 데이터 부재다. 월드컵 본선에 10회 연속 출전했다는 훈장과 달리 국가대표팀의 관리 노하우는 형편없는 수준이다. 월드컵의 준비 계획과 실행 과정, 결과에 대한 리뷰가 문서화되지 못한 채 대회 종료와 함께 사라진다. 심지어 의무 파트에서도 선수들의 몸상태 및 컨디션 데이터가 남아있지 않다. 4년짜리 월드컵을 열 번 반복했을 뿐, 열 차례에 걸쳐 쌓인 빅데이터는 존재하지 않는다. 빠르게 발전하는 일본 축구와 근본적인 차이라고도 할 수 있다. 그래서 벤투 사단이 남긴 데이터는 귀하고 의미가 크다. 이번 건을 기준으로 대한축구협회는 월드컵 준비와 실행, 리뷰까지의 한 사이클을 정의하는 매뉴얼을 구축해야 한다. 벤투 감독이 그 일에 필요한 원재료를 남겨주고 떠난 셈이다. 벤투 체제가 한국 축구에 남긴 최고의 선물은 월드컵 16강 결과가 아니라 바로 4년짜리 월드컵 준비 일지였다.

EPILOGUE

Who is the next?
벤투호, 그 이후 한국 축구는?

한국 축구는 이제 파울루 벤투를 대신할 적임자를 찾아야 한다. 2023년 1월 4일 대한축구협회는 독일 출신 미하엘 뮐러(58)를 국가대표전력강화위원장으로 선임했다. 뮐러 위원장은 2018년 4월부터 파주트레이닝센터에서 유소년 정책을 수립했고, 기술발전위원장 역할을 수행했던 인물이다. 뮐러 위원장은 "전임 이용수 위원장 체제에서 준비한 1차 감독 후보군과 함께 새로운 후보군까지 포함해서 2월 말까지 차기 감독을 선임하겠다"라는 계획을 밝혔다. 협회 주위에서는 국내 지도자 선임 가능성이 제기된다. 카타르 월드컵에서 자국 출신 지도자들의 선전이 자극으로 발동했고, 협회가 천안 이전에 따른 예산 압박에 고전하고 있다는 현실적 문제가 국내 감독 방안을 점치는 이유였다. 하지만 정몽규 회장을 직접 경험해본 축구계 인사들의 반응은 일정하다. 국가대표전력강화위원장직에 외국인을 앉힌 결정 자체가 이미 정몽규 회장의 의중이라는 시선이다. 쉽게 말해 외국인 감독을 뽑겠다는 뜻이라는 것이다. 한 축구인은 "정 회장은 국내 지도자를 인정하지 않는다"라고 단언했다. 실제로 외신에서 한국 감독직을 제안받았다는 소식이 전해진다. 국내 감독이 협회로부터 제안을 받았다는 보도는 전무하다.

우려는 확실하다. 국적과 무관하게 차기 감독은 벤투 사단 수준의 지원을 받기 어렵다는 사실이다. 협회의 천안 이전이 치명적이다. 2020년 발생한 코로나19 팬데믹으로 인한 수입 급감에 천안 이전 비용까지 겹쳐 협회는 재정적으로 큰 위기에 빠졌다. 정몽규 회장은 재정 문제를 타개할 만큼 용의주도하지 못하거니와 사재를 쾌척할 기미도 별로 보이지 않는다. 벤투 감독의 연봉을 충당했던 사재 출연은 회장직 연임을 위한 표심 달래기의 일환이었고, 카타르 월드컵 직후 보너스 사재 출연은 정부로부터 받은 메시지를 정몽규 회장이 정치적으로 해석한 결과에 가까웠다. 지금 당장 한국 축구계에서는 재벌집 아들 출신 회장의 자금 마련을 강요할 만한 이슈가 없다. 협회 주위에서는 이미 "전임 체제처럼 사단으로 차기 감독으로 부르진 못한다"라는 단언이 들린다.

국내 감독이라도 물론 무조건 성적을 기대하기 어렵다는 뜻은 아니다. 최근 한국 축구계에서도 눈에 띄는 지도자들이 등장하고 있다. 하지만 어디까지나 K리그 무대에 한하는 실력 발휘라고 할 수 있다. 월드컵과 국내 축구의 격차가 얼마나 큰지는 2018년 러시아 월드컵에서 여실히 드러났다. 월드컵 본선 무대를 경험해본 적이 없다는 점도 국내파 지도자들의 약점이다.

빠르게 발전하는 유럽 축구 트렌드를 따르고자 노력하는 모습이 겉으로 드러나는 지도자는 더더욱 드물다. 유럽에서 최선단 축구를 이미 경험하고 있는 선수들을 상대로 체계적으로 훈련을 수행할 수 있는 수준에 다다른 국내파 감독을 찾기란 쉽지 않다. 벤투 감독이 선수들의 신뢰를 얻을 수 있었던 결정적 배경은 '대표팀에 오면 뭔가 배워간다는 느낌'을 줬기 때문이다. 과연 손흥민, 이재성, 황희찬, 이강인에게 새로운 걸 가르쳐줄 능력을 지닌 국내파 감독이 있을까? 기대하기가 쉽지 않다.

벤투호는 항해를 마쳤다. 이제 2026년 북중미 월드컵의 준비는 전적으로 우리에게 달렸다. 누가 새로운 사령탑이 되든 협회는 주어진 환경에서 최선의 선택을 내릴 것이라고 믿는다. 벤투호의 4년 4개월 여정 데이터도 체계적으로 문서화되어 한국 축구 구석구석까지 보급되길 기원한다. 거스 히딩크 감독이 떠난 지 20년이 넘었고, 한국 축구는 알게 모르게 발전해 왔다. 벤투호와도 작별의 아쉬움을 뒤로 하고 앞으로 나아갈 때다.

Paulo
Bento

1ST PUBLISHED DATE 2023. 2. 24

AUTHOR Sunsoo Editors, Hong Jaemin, Park Juseong
PUBLISHER Hong Jungwoo
PUBLISHING Brainstore

EDITOR Kim Daniel, Cha Jongmoon, Park Hyerim
DESIGNER Champloo, Lee Yeseul
MARKETER Bang Kyunghee
E-MAIL brainstore@chol.com
BLOG https://blog.naver.com/brain_store
FACEBOOK http://www.facebook.com/brainstorebooks
INSTAGRAM https://instagram.com/brainstore_publishing
PHOTO Getty Images

ISBN 979-11-6978-003-2 (03690)

PAULO BENTO